大方廣佛華嚴經

일러두기

1. 『대방광불화엄경 강설』 원문原文의 저본底本은 근세에 교정이 가장 잘 되었다고 정평이 나 있는 대만臺灣의 불타교육기금회佛陀教育基金會에서 출판한 『화엄경소초華嚴經疏鈔』본입니다.

2. 『대방광불화엄경 강설』은 실차난타實叉難陀가 695년부터 699년까지 4년에 걸쳐 번역해 낸 80권본卷本 『대방광불화엄경』을 우리말로 옮기고 강설을 붙인 것입니다.

3. 『대방광불화엄경』은 애초 산스크리트에서 한역漢譯된 경전이지만 현재 산스크리트본은 소실된 상태입니다. 산스크리트를 음차한 경우 굳이 원래 소리를 표기하려고 하기보다는 『표준국어대사전』이나 『불교사전』 등에 등재된 한자음을 사용하는 것을 원칙으로 하였습니다.

4. 경문의 한글 번역은 동국역경원본을 참고하여 그대로 또는 첨삭을 하며 의미대로 번역하고 다듬었습니다.

5. 각 품마다 내용에 따라 단락을 나누고 제목을 달았습니다. 단락의 제목은 주로 청량清凉스님의 견해에 기초하였고 이통현李通玄장자의 견해를 참고로 하였습니다.

6. 『대방광불화엄경 강설』의 발행 순서는 한역 경전의 편재 순서를 기준으로 하였고 각 권은 단행본 한 권씩으로 출간될 예정이며 모두 80권으로 완간됩니다. 다만 80권본에 빠져 있는 「보현행원품」은 80권본 완역 및 강설 후 시리즈에 포함돼 추가될 예정입니다.

7. 『대방광불화엄경 강설』 안에서 불교용어를 풀이한 것은 운허스님이 저술하고 동국역경원에서 편찬한 『불교사전』을 인용하였습니다.

8. 각주의 청량스님의 소疏는 대만에서 입력한 大方廣佛華嚴經 사이트의 것을 사용하였습니다.

9. 『대방광불화엄경 강설』 입법계품에 들어가는 문수지남도는 북송北宋시대 불국佛國선사가 선재동자가 53명의 선지식을 친견하여 법을 구하는 장면을 하나하나 그림으로 그린 것입니다.

대방광불화엄경 강설
제61권

三十九. 입법계품入法界品 2

실차난타實叉難陀 한역
무비스님 강설

서문

이때에 문수사리보살이 부처님의 위신력을 받들어 이 서다림逝多林 속의 모든 신통변화한 일을 거듭 펴려고 시방을 관찰하고 게송을 설하였습니다.

그대들은 응당 이 서다림을 보라.
부처님의 위신력으로 끝없이 넓고
일체 장엄을 다 나타내어
시방법계에 충만하였도다.

시방 일체 모든 국토의
그지없는 종류를 크게 장엄해
거기 있는 사자좌들 경계 가운데
온갖 모양 분명히 다 나타났도다.

모든 불자들의 모공에서
가지가지 장엄한 보배 불꽃 구름을 내며
여래의 미묘한 음성을 내어
시방의 모든 세계에 가득히 찼도다.

보배 나무 꽃에서 묘한 몸을 나타내니
그 몸의 색상이 범천왕과 같아
선정에서 일어나 걸어 다니나
오고 가는 거동이 항상 고요하도다.

여래의 하나하나 모공 속에서
부사의한 변화 몸을 항상 나타내니
모두 다 보현의 큰 보살 같아서
가지가지 모든 상호 장엄하였도다.

서다림 위에 있는 허공중에서
여러 가지 장엄으로 미묘한 소리를 내어
세 세상 모든 보살들이 닦아 이루신
일체 공덕 바다를 널리 설하도다.

서다림 속에 있는 모든 보배 나무가
또한 한량없이 미묘한 음성을 내어
일체 모든 중생의 갖가지 업의 바다가
제각기 차별함을 연설하도다.

서다림 속에 있는 여러 경계가
세 세상 모든 여래를 다 나타내어
저마다 큰 신통을 일으키는 일
시방의 세계 바다 미진수와 같도다.

시방에 널려 있는 모든 국토의
일체 세계 바다 미진수들이
여래의 모공에 다 들어가서
차례로 장엄함을 모두 보도다.

모든 장엄 속에서 나타난 부처님
중생과 같은 수로 세간에 가득하고
부처님마다 큰 광명을 모두 놓아서
가지가지로 마땅하게 중생을 교화하도다.

향 불꽃과 온갖 꽃과 보배 창고와
가지가지로 미묘하게 장엄한 구름
광대하여 허공과 같은 것이
시방의 모든 국토에 가득하도다.

시방세계 세 세상 모든 부처님의
여러 가지 장엄한 아름다운 도량
이 동산의 서다림 경계 가운데
가지가지 모양이 다 나타났도다.

일체 보현보살 모든 불자들
백천만겁 동안에 장엄한 세계
그 수효 한량없어 중생 수와 같거든
이 서다림 속에서 모두 다 보도다.

2017년 5월 15일
신라 화엄종찰 금정산 범어사

如天 無比

대방광불화엄경 목차

제1권	1. 세주묘엄품世主妙嚴品 [1]	제18권	18. 명법품明法品
제2권	1. 세주묘엄품世主妙嚴品 [2]	제19권	19. 승야마천궁품昇夜摩天宮品
제3권	1. 세주묘엄품世主妙嚴品 [3]		20. 야마천궁게찬품夜摩天宮偈讚品
제4권	1. 세주묘엄품世主妙嚴品 [4]		21. 십행품十行品 [1]
제5권	1. 세주묘엄품世主妙嚴品 [5]	제20권	21. 십행품十行品 [2]
제6권	2. 여래현상품如來現相品	제21권	22. 십무진장품十無盡藏品
제7권	3. 보현삼매품普賢三昧品	제22권	23. 승도솔천궁품昇兜率天宮品
	4. 세계성취품世界成就品	제23권	24. 도솔궁중게찬품兜率宮中偈讚品
제8권	5. 화장세계품華藏世界品 [1]		25. 십회향품十廻向品 [1]
제9권	5. 화장세계품華藏世界品 [2]	제24권	25. 십회향품十廻向品 [2]
제10권	5. 화장세계품華藏世界品 [3]	제25권	25. 십회향품十廻向品 [3]
제11권	6. 비로자나품毘盧遮那品	제26권	25. 십회향품十廻向品 [4]
제12권	7. 여래명호품如來名號品	제27권	25. 십회향품十廻向品 [5]
	8. 사성제품四聖諦品	제28권	25. 십회향품十廻向品 [6]
제13권	9. 광명각품光明覺品	제29권	25. 십회향품十廻向品 [7]
	10. 보살문명품菩薩問明品	제30권	25. 십회향품十廻向品 [8]
제14권	11. 정행품淨行品	제31권	25. 십회향품十廻向品 [9]
	12. 현수품賢首品 [1]	제32권	25. 십회향품十廻向品 [10]
제15권	12. 현수품賢首品 [2]	제33권	25. 십회향품十廻向品 [11]
제16권	13. 승수미산정품昇須彌山頂品	제34권	26. 십지품十地品 [1]
	14. 수미정상게찬품須彌頂上偈讚品	제35권	26. 십지품十地品 [2]
	15. 십주품十住品	제36권	26. 십지품十地品 [3]
제17권	16. 범행품梵行品	제37권	26. 십지품十地品 [4]
	17. 초발심공덕품初發心功德品	제38권	26. 십지품十地品 [5]

제39권	26. 십지품十地品 [6]		제58권	38. 이세간품離世間品 [6]
제40권	27. 십정품十定品 [1]		제59권	38. 이세간품離世間品 [7]
제41권	27. 십정품十定品 [2]		제60권	39. 입법계품入法界品 [1]
제42권	27. 십정품十定品 [3]		**제61권**	**39. 입법계품入法界品 [2]**
제43권	27. 십정품十定品 [4]		제62권	39. 입법계품入法界品 [3]
제44권	28. 십통품十通品		제63권	39. 입법계품入法界品 [4]
	29. 십인품十忍品		제64권	39. 입법계품入法界品 [5]
제45권	30. 아승지품阿僧祇品		제65권	39. 입법계품入法界品 [6]
	31. 여래수량품如來壽量品		제66권	39. 입법계품入法界品 [7]
	32. 보살주처품菩薩住處品		제67권	39. 입법계품入法界品 [8]
제46권	33. 불부사의법품佛不思議法品 [1]		제68권	39. 입법계품入法界品 [9]
제47권	33. 불부사의법품佛不思議法品 [2]		제69권	39. 입법계품入法界品 [10]
제48권	34. 여래십신상해품如來十身相海品		제70권	39. 입법계품入法界品 [11]
	35. 여래수호광명공덕품 如來隨好光明功德品		제71권	39. 입법계품入法界品 [12]
제49권	36. 보현행품普賢行品		제72권	39. 입법계품入法界品 [13]
제50권	37. 여래출현품如來出現品 [1]		제73권	39. 입법계품入法界品 [14]
제51권	37. 여래출현품如來出現品 [2]		제74권	39. 입법계품入法界品 [15]
제52권	37. 여래출현품如來出現品 [3]		제75권	39. 입법계품入法界品 [16]
제53권	38. 이세간품離世間品 [1]		제76권	39. 입법계품入法界品 [17]
제54권	38. 이세간품離世間品 [2]		제77권	39. 입법계품入法界品 [18]
제55권	38. 이세간품離世間品 [3]		제78권	39. 입법계품入法界品 [19]
제56권	38. 이세간품離世間品 [4]		제79권	39. 입법계품入法界品 [20]
제57권	38. 이세간품離世間品 [5]		제80권	39. 입법계품入法界品 [21]
			제81권	40. 보현행원품普賢行願品

대방광불화엄경 강설 제61권

三十九. 입법계품 入法界品 2

7. 보현보살이 삼매를 설하다 ······················· 14
　1) 열 가지 법의 글귀 ······························ 14
　2) 게송으로 다시 펴다 ···························· 23

8. 백호상에서 광명을 놓아 이익을 나타내다 ················ 32
　1) 광명을 놓다 ····································· 32
　2) 광명 놓음을 의지하여 법을 보다 ·············· 33
　　(1) 서다림 대중들이 광명에 나타난 경계를 보다 ············ 33
　　(2) 시방에서 광명에 나타난 경계를 보다 ·············· 39
　3) 옛 인연을 증명하다 ···························· 43
　4) 이익을 얻다 ····································· 45
　　(1) 보살들이 여래의 경계에 들어가다 ·············· 45
　　(2) 보살들의 일백일문 삼매 ·············· 48
　　(3) 광명을 보고 덕을 갖추다 ·············· 63

5) 보살들이 은혜를 입고 공양을 올리다 ················ 80

9. 문수보살이 서다림의 일을 게송으로 찬탄하다 ·········· 86

10. 큰 작용은 끝이 없다 ······································ 96
　　　1) 삼매 광명으로 세간의 주인 형상을 나타내다 ········· 96
　　　2) 가지가지 문을 나타내다 ································ 98
　　　3) 십바라밀과 지혜의 문을 나타내다 ···················· 101
　　　4) 방편으로 곳곳에 가서 중생을 이익되게 하다 ········ 108
　　　5) 보살들이 중생을 위하여 여러 가지 분신을 나타내 보이다 ··· 111

지말법회枝末法會 ··· 120

【 지말법회의 53선지식 】

【 십신위 선지식 】

1. 문수보살 ·· 123
　　　1) 문수사리동자가 여러 도반과 남쪽으로 향하다 ······· 126
　　　　　(1) 부처님 처소에 함께 온 대중들 ···················· 126
　　　　　(2) 사리불존자가 육천 비구와 함께 문수보살을 따르다 ····· 132
　　　　　(3) 사리불이 문수보살의 공덕을 찬탄하다 ··········· 137

(4) 비구들이 문수보살을 친견하다 ·············· 143
(5) 문수보살이 대승에 나아가는 열 가지 법을 설하다 ······ 150
(6) 비구들이 법문을 듣고 큰 이익을 얻다 ·············· 157
(7) 비구들을 권하여 보현의 행에 머물게 하다 ············ 163

대방광불화엄경 강설

제61권

三十九. 입법계품 2

7. 보현보살이 삼매를 설하다

1) 열 가지 법의 글귀

爾時에 普賢菩薩摩訶薩이 普觀一切菩薩衆
會하고 以等法界方便과 等虛空界方便과 等衆生
界方便과 等三世와 等一切劫과 等一切衆生業과

그때에 보현보살마하살이 일체 보살들의 모임을 두루 관찰하고 법계와 같은 방편과, 허공계와 같은 방편과, 중생계와 같은 방편과, 삼세와 같고 모든 겁과 같고 모든 중생의 업과 같고

등일체중생욕　　등일체중생해　　등일체중
等一切衆生欲과 等一切衆生解와 等一切衆

생근　　등일체중생성숙시　　등일체법광영방
生根과 等一切衆生成熟時와 等一切法光影方

편　　위제보살　　이십종법구　　개발현시조
便으로 爲諸菩薩하사 以十種法句로 開發顯示照

명연설차 사 자 빈 신 삼 매
明演說此獅子頻申三昧하시니

　모든 중생의 욕망과 같고 모든 중생의 이해와 같고 모든 중생의 근성과 같고 모든 중생의 성숙한 때와 같고 모든 법의 그림자와 같은 방편으로써, 모든 보살을 위하여 열 가지 법의 글귀로 이 사자의 기운 뻗는 삼매를 열어서 나타내 보이며 밝혀서 연설하였습니다.

　보현보살이 세존의 사자빈신獅子頻申삼매를 설하는데 무엇으로써 설하는가. 경문에서 밝힌 가지가지 방편으로 모든 보살을 위하여 설하며, 열 가지 법의 글귀로써 사자의 기운 뻗는[獅子頻申] 삼매를 열어서 나타내 보이며 밝혀서 연설하는 것이다.

하등 위십   소위연설능시현등법계일체
何等이 爲十고 所謂演說能示現等法界一切

불찰미진중   제불출흥차제   제찰성괴차제
佛刹微塵中에 諸佛出興次第와 諸刹成壞次第

법구
法句하며

"무엇이 열입니까. 이른바 법계와 같은 일체 부처님 세계의 작은 먼지 속에서 모든 부처님이 출현하시는 차례와 모든 세계가 이루어지고 무너지는 차례를 나타내 보이는 법의 글귀를 연설하는 것입니다."

보현보살이 사자의 기운 뻗는 삼매를 연설하는데 열 가지 법의 글귀로써 연설한다고 하였다. 그 열 가지 법의 글귀를 하나하나 밝힌다. 여기에서 사자의 기운 뻗는 삼매란 제60권 입법계품 서두에서 세존이 들어가신 삼매이다.

경문에서 "그때에 세존께서 모든 보살의 마음에 생각함을 아시고 크게 어여삐 여김으로 몸이 되고, 크게 어여삐 여김으로 문이 되고, 크게 어여삐 여김으로 머리가 되고, 크게 어여삐 여기는 법으로 방편을 삼아 허공에 충만하여 사자의 기운 뻗는 삼매[獅子頻伸三昧]¹⁾에 드시었습니다."라고 하였고, 강설에서 다시, "세존께서 들어가신 사자의 기운 뻗는 삼매는 사자와 같은 위엄을 가진 삼매이다. 사자가 기운을 뻗을 때는 세상의 어떤 동물도 그 기세에 눌려서 어찌할 바를 모르고 사자 앞에 항복하고 머리를 조아린다. 세존이 앞에서 열거한 그와 같은 보살과 여러 대중의 법을 청하는 마음을 알고 크게 어여삐 여기고 불쌍히 여겨서 그와 같은 삼매에 드신 것이다."라고 부연하였다.

세존께서 이 삼매를 통하여 비로소 법계에 들어가는 길고 긴 입법계품의 설법이 성취되었기 때문에 삼매에 대한 설명도 그와 같이 장황하게 된 것이다.

첫 번째는 법계와 같은 일체 부처님 세계의 작은 먼지 속에서 모든 부처님이 출현하시는 차례와 모든 세계가 이루어지고 무너지는 차례를 나타내 보이는 법의 글귀를 연설하였다.

---

1) 爾時에 世尊이 知諸菩薩心之所念하시고 大悲爲身하시며 大悲爲門하시며 大悲爲首하시며 以大悲法으로 而爲方便하사 充徧虛空하사 入獅子頻伸三昧하시니라

演說能示現等虛空界一切佛刹中_에 盡未來劫_{토록} 讚歎如來功德音聲法句_{하며}

"허공계와 같은 모든 부처님 세계에서 오는 세월이 끝나도록 여래의 공덕을 찬탄하는 음성을 나타내 보이는 법의 글귀를 연설하는 것입니다."

演說能示現等虛空界一切佛刹中_에 如來出世_가 無量無邊_{하야} 成正覺門法句_{하며}

"허공계와 같은 모든 부처님 세계에서 여래가 출현하시어 한량없고 그지없는 바른 깨달음 이루는 문을 나타내 보이는 법의 글귀를 연설하는 것입니다."

演說能示現等虛空界一切佛刹中_에 佛坐道

량보살중회법구
場菩薩衆會法句하며

"허공계와 같은 모든 부처님 세계에서 부처님이 도량에 보살들이 모인 가운데 앉으셨음을 나타내 보이는 법의 글귀를 연설하는 것입니다."

연설어일체모공   염념출현등삼세일체불
演說於一切毛孔에 **念念出現等三世一切佛**

변화신   충만법계법구
變化身하야 **充滿法界法句**하며

"모든 모공에서 잠깐잠깐마다 세 세상 모든 부처님의 변화하는 몸을 나타내어 법계에 가득한 법의 글귀를 연설하는 것입니다."

연설능령일신   충만시방일체찰해   평
演說能令一身으로 **充滿十方一切刹海**하야 **平**

등현현법구
等顯現法句하며

"한 몸이 시방의 모든 세계 바다에 가득해서 평등하게 나타나게 하는 법의 글귀를 연설하는 것입니다."

演說能令一切諸境界中에 普現三世諸佛神變法句하며

"일체 모든 경계 가운데 세 세상 모든 부처님의 신통변화를 나타나게 하는 법의 글귀를 연설하는 것입니다."

演說能令一切佛刹微塵中에 普現三世一切佛刹微塵數佛의 種種神變하야 經無量劫法句하며

"모든 부처님 세계의 작은 먼지 속에 세 세상 모든 부처님 세계의 작은 먼지 수와 같은 부처님의 갖가지 신통변화를 나타내어 한량없는 겁을 지나게 하는 법의 글귀를 연설하는 것입니다."

연설능령일체모공　　　출생삼세일체제불대
演說能令一切毛孔으로 **出生三世一切諸佛大**

원해음　　　진미래겁　　　개발화도일체보살법
願海音하야 **盡未來劫**토록 **開發化導一切菩薩法**

구
句하며

"모든 모공에서 세 세상 일체 모든 부처님의 서원 바다에 음성을 내어 오는 세월이 끝나도록 모든 보살을 열어 교화하고 인도하는 법의 글귀를 연설하는 것입니다."

연설능령불사자좌　　양동법계　　　보살중회
演說能令佛獅子座로 **量同法界**하야 **菩薩衆會**

도량장엄　　등무차별　　　진미래겁　　　전어종
와 **道場莊嚴**이 **等無差別**하야 **盡未來劫**토록 **轉於種**

종미묘법륜법구
種微妙法輪法句니라

"부처님 사자좌의 크기가 법계와 같으며 보살들의 모임과 도량의 장엄이 평등하고 차별이 없는데, 오는 세월이 끝나도록 갖가지 미묘한 법륜을 굴리는 법의 글귀를 연설하는 것입니다."

佛子야 此十爲首하야 有不可說佛刹微塵數法句하니 皆是如來智慧境界니라

"불자여, 이 열 가지가 시작이 되어 말할 수 없는 부처님 세계의 작은 먼지 수의 법의 글귀가 있으니, 모두 다 여래의 지혜 경계입니다."

이 열 가지 법의 글귀는 세존이 삼매를 통하여 세존의 모든 지혜 경계를 간단히 다 나타내 보이는 내용이다. 하나하나 모두 의미심장하고 높고 또 높아 일일이 자세하게 설명할 수 없는 내용들이다. 만약 열 구절을 자세히 부연하려면 화엄경을 처음부터 다시 설하는 길밖에 없다. 독자가 신중하게 읽고 또 읽으며 깊이 사유하기를 바랄 뿐이다.

2) 게송으로 다시 펴다

爾時_에 普賢菩薩_이 欲重宣此義_{하야} 承佛神力_{하사} 觀察如來_{하며} 觀察衆會_{하며} 觀察諸佛難思境界_{하며} 觀察諸佛無邊三昧_{하며} 觀察不可思議諸世界海_{하며} 觀察不可思議如幻法智_{하며} 觀察不可思議三世諸佛_이 悉皆平等_{하며} 觀察一切無量無邊諸言辭法_{하고} 而說頌言_{하사대}

그때에 보현보살이 그 뜻을 다시 펴려고 부처님의 위신력을 받들어 여래를 관찰하고, 모인 대중을 관찰하고, 모든 부처님의 생각하기 어려운 경계를 관찰하고, 모든 부처님의 그지없는 삼매를 관찰하고, 불가사의한 모든 세계 바다를 관찰하고, 불가사의한 환상과 같은 법의 지혜를 관찰하고, 불가사의한 세 세상 모든 부처님이 다 평등함을 관찰하고, 일체 한량없고 그지없는 여러 가지 말하는 법을 관찰하고 게송으로 말하였습니다.

보현보살이 여래 지혜의 경계를 산문으로 밝히고 미진하여 게송으로 거듭 밝히려고 하면서, 부처님의 위신력을 받들어 여래를 관찰하고 모인 대중을 관찰하고 모든 부처님의 생각하기 어려운 경계 등을 관찰하였다.

일일모공중
一一毛孔中

미진수찰해
微塵數刹海에

실유여래좌
悉有如來坐하사

개구보살중
皆具菩薩衆이로다

하나하나 모공 속에
작은 먼지 수의 세계 바다가 있어
그곳에 다 여래께서 앉으셨는데
모든 보살 대중이 함께하였도다.

한 사람의 인체에 백억 조의 세포가 있고 낱낱 세포에 다

시 또 백억 조의 세포가 있듯이, 낱낱 모공 속에 작은 먼지 수의 세계가 있고 낱낱 작은 먼지 수의 세계마다 여래가 앉아 계시고 다시 또 무량무수한 보살 대중이 둘러싸고 있다. 이 얼마나 신기하고 미묘하고 불가사의한 이치인가.

일 일 모 공 중　　　무 량 제 찰 해
一一毛孔中　　　　無量諸刹海에

불 처 보 리 좌　　　여 시 변 법 계
佛處菩提座하사　　如是徧法界로다

하나하나 모공 속에
한량없는 세계 바다가 있어
부처님이 보리좌에 앉으셨는데
이와 같이 법계에 두루 하였도다.

하나하나의 모공 속에 한량없는 세계 바다가 있고, 그 모든 세계마다 부처님이 보리수나무 아래에 앉아 계시는데 이와 같은 모습이 무한한 우주법계에 빠짐없이 두루 하였다. 이 또한 얼마나 신기하고 미묘하고 불가사의한 이치인가.

일일모공중　　　　　일체찰진불
一一毛孔中에　　　　**一切刹塵佛**이

보살중위요　　　　　위설보현행
菩薩衆圍繞어든　　　**爲說普賢行**이로다

하나하나 모공 속에
모든 세계 먼지 수의 부처님을
보살 대중이 둘러싸고 모시었는데
그들을 위해 보현행을 설하시도다.

부처님은 그 많고 많은 보살 대중에게 무엇을 가르치는가. 보살행 중에서 가장 훌륭한 보현보살의 행을 가르치신다. 불교는 궁극에 이것을 가르치고자 하는 것이다.

불좌일국토　　　　　충만시방계
佛坐一國土하사　　　**充滿十方界**하시니

무량보살운　　　　　함래집기소
無量菩薩雲이　　　　**咸來集其所**로다

부처님은 한 국토에 앉으사

시방세계에 가득하신데
한량없는 보살 구름이
그곳으로 다 모여들었도다.

억 찰 미 진 수　　　　　　보 살 공 덕 해
億刹微塵數의　　　　　　**菩薩功德海**가

구 종 회 중 기　　　　　　변 만 시 방 계
俱從會中起하야　　　　　**徧滿十方界**로다

억만 세계 작은 먼지 수의
보살의 공덕 바다가
함께 모인 가운데서 일어나
시방세계에 가득하였도다.

보살들이 보살행을 닦은 바다와 같은 공덕이 세상에 가득한 보살들로부터 일어나서 시방세계를 가득하게 하고자 하는 것이 부처님이나 보살들의 크나큰 서원이다.

실 주 보 현 행　　　　　　개 유 법 계 해
悉住普賢行하야　　　　　**皆遊法界海**하며

보 현 일 체 찰　　　　　　등 입 제 불 회
普現一切刹하야　　　　　**等入諸佛會**로다

모두 보현의 행에 머물러

법계 바다에 노닐면서

모든 세계에 두루 나타내어

모든 부처님의 회상에 함께 들어왔도다.

   보살은 어디를 가든지 보현행에 머무는 것이 가장 중요하다. 법계 바다가 아무리 드넓다 하더라도 가는 곳마다 보현행에 머문다.

안 좌 일 체 찰　　　　　　청 문 일 체 법
安坐一切刹하며　　　　　**聽聞一切法**하야

일 일 국 토 중　　　　　　억 겁 수 제 행
一一國土中에　　　　　　**億劫修諸行**이로다

모든 세계에 편안히 앉아

모든 법문을 들으면서
낱낱 국토에서
억겁 동안 모든 행을 닦도다.

보 살 소 수 행   보 명 법 해 행
菩薩所修行이   **普明法海行**이라
입 어 대 원 해   주 불 경 계 지
入於大願海하야   **住佛境界地**로다

보살들이 닦는 행은
법의 바다를 두루 밝히는 행이라
큰 서원 바다에 들어가
부처님의 경계에 머물도다.

보살들이 닦는 모든 행은 법의 바다를 두루 밝힌다. 곧 어두운 세상을 보살행으로 환하게 밝힌다. 그것은 큰 서원 바다에 들어가서 부처님의 경계에 머무는 일이다.

요달보현행	출생제불법
了達普賢行하야	**出生諸佛法**하며
구불공덕해	광현신통사
具佛功德海하야	**廣現神通事**로다

보현의 행을 잘 통달하고
모든 부처님의 법을 출생하며
부처님의 공덕 바다를 구족하고
신통한 일을 널리 나타내도다.

부처님의 법을 출생하고, 부처님의 공덕 바다를 구족하고, 신통한 일을 널리 나타내는 것은 보현보살의 보살행을 잘 통달하여 실천하는 일이다.

신운등진수	충변일체찰
身雲等塵數하야	**充徧一切刹**이라
보우감로법	영중주불도
普雨甘露法하야	**令衆住佛道**로다

몸의 구름[身雲]이 작은 먼지 수 같아

모든 세계에 가득하게
감로의 법을 널리 비 내려
대중들을 부처님의 도에 머물게 하도다.

   보살의 몸을 작은 미세먼지 수와 같이 한량없이 나타내어 일체 세계에 두루 하지 않은 데가 없다. 일체 세계에 두루 한 보살들의 보살행에는 무엇보다 감로와 같은 법의 단비를 내리는 것이다. 세존이 평생을 통해서 가는 곳마다 참다운 이치를 가르치신 것과 같다. 법의 단비란 일체 존재의 참다운 이치이다.

8. 백호상에서 광명을 놓아 이익을 나타내다

1) 광명을 놓다

이시 세존 욕령제보살   안주여래사자빈
爾時에 世尊이 欲令諸菩薩로 安住如來獅子頻

신광대삼매고 종미간백호상   방대광명
申廣大三昧故로 從眉間白毫相하야 放大光明하시니

기광   명보조삼세법계문   이불가설불찰미
其光이 名普照三世法界門이라 以不可說佛刹微

진수광명   이위권속   보조시방일체세계해
塵數光明으로 而爲眷屬하야 普照十方一切世界海

제불국토
諸佛國土하시니라

이때에 세존께서 모든 보살을 여래의 사자 기운 뻗

는 광대한 삼매에 안주하게 하려고 미간의 백호상白毫相으로부터 큰 광명을 놓으니, 그 광명의 이름은 '보조삼세법계문普照三世法界門'이었습니다. 말할 수 없는 부처님 세계의 작은 먼지 수 광명으로 권속을 삼아 시방의 일체 세계 바다 모든 부처님 국토를 두루 비추었습니다.

제60권 서두에서 세존이 사자빈신삼매에 드신 것을 설하였는데, 여기에서는 세존이 그 삼매에 든 채로 모든 보살을 그 삼매에 편안히 머물게 하려고 미간의 백호상으로부터 큰 광명을 놓았다. 그 광명은 '과거 현재 미래의 모든 법계를 널리 비춘다[普照三世法界門]'는 이름이다. 그 광명은 무량무수한 광명으로 권속을 삼아서 시방 일체 세계 바다의 모든 불국토를 두루 다 비춘다.

2) 광명 놓음을 의지하여 법을 보다

(1) 서다림 대중들이 광명에 나타난 경계를 보다

   시 서 다 림 보 살 대 중 실 견 일 체 진 법 계 허 공
時에 **逝多林菩薩大衆**이 **悉見一切盡法界虛空**

_{계 일 체 불 찰 일 일 미 진 중}　_{각 유 일 체 불 찰 미 진}
界一切佛刹一一微塵中에 **各有一切佛刹微塵**

_{수 제 불 국 토}　_{종 종 명}　_{종 종 색}　_{종 종 청 정}　_종
數諸佛國土의 **種種名**과 **種種色**과 **種種淸淨**과 **種**

_{종 주 처}　_{종 종 형 상}
種住處와 **種種形相**이어든

　이때에 서다림에 있는 보살 대중이 모두 보니, 온 법계 허공계에 있는 모든 세계의 낱낱 작은 먼지 속에 각각 모든 부처님 세계의 작은 먼지 수 같은 부처님 국토들이 있는데, 가지가지 이름과 가지가지 색상과 가지가지 청정함과 가지가지 머무는 곳과 가지가지 형상이었습니다.

　화엄경에서 삼매와 광명은 매우 중요하게 생각한다. 세존이 삼매에 들어갔을 때는 다른 보살들도 그 삼매에 안주하게 하고, 광명을 놓았을 때는 다른 대중들도 그 광명을 의지하여 법을 보게 된다. 그래서 서다림의 대중들이 광명에 나타난 경계를 보게 된다.

　세존의 지혜 광명이 아니라면 법계 허공계에 있는 모든 세계의 낱낱 작은 먼지 속에 각각 모든 부처님 세계의 작은 먼지 수 같은 부처님 국토가 있음을 어찌 보겠는가. 또 그 국토들의 가지가지 이름과 가지가지 색상과 가지가지 청정함과 가지가지 머무는 곳과 가지가지 형상을 어떻게 보겠는가. 이 모든 것은 세존의 지혜 광명의 덕이다. 세존의 지혜 광명이란 무엇인가. 사람 사람이 본래 갖춘 진여불성의 공능이다.

여시일체제국토중 개유대보살 좌어도량
如是一切諸國土中에 **皆有大菩薩**이 **坐於道場**

사자좌상 성등정각 보살대중 전후위요
獅子座上하야 **成等正覺**하야 **菩薩大衆**이 **前後圍繞**

　　제세간주 이위공양
하고 **諸世間主**가 **而爲供養**하며

이와 같은 일체 모든 국토마다 큰 보살들이 도량의 사자좌에 앉아서 등정각을 이루니 보살 대중이 앞뒤로 둘러싸고 모든 세간의 주인들이 공양하였습니다.

세존의 미간백호광명을 통해서 보게 되는 일은 놀랍고

경이롭고 불가사의하다. 일체 모든 국토마다 큰 보살들이 도량의 사자좌에 앉아서 등정각을 이루니 보살 대중이 앞뒤로 둘러싸고 모든 세간의 주인들이 공양하는 것을 다 보게 된다.

혹견어불가설불찰량대중회중 출묘음성
或見於不可說佛剎量大衆會中에 **出妙音聲**하야

충만법계 전정법륜
充滿法界하야 **轉正法輪**하며

혹은 말할 수 없는 부처님 세계의 수량과 같은 대중이 모인 가운데 아름다운 음성을 내어 법계에 가득하게 바른 법륜 굴리는 것을 보기도 하였습니다.

세존의 백호광명을 통해서 보게 되는 광경은 계속된다. 이 모든 내용을 달리 해석하면 세존의 깨달음에 인한 지혜 광명의 가르침으로 불법의 세계를 다 보게 된다는 뜻이다. 실로 세존의 깨달음에 의한 가르침이 없었다면 무엇을 알 수 있었겠는가.

혹견재천궁전   용궁전   야차궁전   건달바
或見在天宮殿과 龍宮殿과 夜叉宮殿과 乾闥婆

아수라   가루라   긴나라   마후라가   인비
와 阿修羅와 迦樓羅와 緊那羅와 摩睺羅伽와 人非

인등   제궁전중
人等의 諸宮殿中하며

　혹은 하늘 궁전과 용의 궁전과 야차의 궁전과 건달바, 아수라, 가루라, 긴나라, 마후라가, 사람인 듯 아닌 듯한 이 등이 여러 궁전 속에 있기도 함을 보기도 하였습니다.

　깨달음의 눈을 뜸으로 인하여 이와 같은 온갖 것을 다 보게 되고, 깨달음의 가르침으로 인하여 이와 같은 온갖 것을 다 알게 된다.

혹재인간촌읍취락왕도대처   현종종성
或在人間村邑聚落王都大處하야 現種種姓과

종종명   종종신   종종상   종종광명   주종
種種名과 種種身과 種種相과 種種光明하야 住種

三十九. 입법계품入法界品 2

種威儀하고 入種種三昧하고 現種種神變하며

혹은 인간의 마을과 도시와 도성 같은 큰 곳에 있기도 하여 가지가지 성과 가지가지 이름과 가지가지 몸과 가지가지 모양과 가지가지 광명을 나타내며, 가지가지 위의에 머물고, 가지가지 삼매에 들어, 가지가지 신통 변화를 나타내기도 합니다.

或時에 自以種種言音하며 或令種種諸菩薩等으로 在於種種大衆會中하야 種種言辭로 說種種法하나라

혹 어떤 때에는 스스로 가지가지 말을 하기도 하고, 또는 여러 모든 보살들로 하여금 여러 대중의 모인 데 있어서 가지가지 말을 하게도 하여 가지가지 법을 설하였습니다.

경전의 모든 가르침은 세존이 스스로 말씀하시기도 하고 보살들을 시키거나 제자들로 하여금 법을 설하게도 한 것이다. 특히 이 화엄경은 세존께서 직접 설하신 것은 39품 중에서 2품이고 나머지 37품은 모두 보살들이 설한 것이다. 누가 설했든 모두 세존의 깨달음에 의한 지혜 광명의 설법이다. 그리고 입법계품에서 세존이 사자빈신삼매에 든 채 미간의 백호상으로부터 놓았다는 광명은 모든 광명 중에 가장 중요한 광명이다.

(2) 시방에서 광명에 나타난 경계를 보다

여차회중보살대중이 견어여시제불여래심
如此會中菩薩大衆이 **見於如是諸佛如來甚**

심삼매대신통력 여시진법계허공계동서남
深三昧大神通力하야 **如是盡法界虛空界東西南**

북 사유상하 일체방해중 의어중생심상
北과 **四維上下**의 **一切方海中**에 **依於衆生心想**

이주 시종전제로 지금현재일체국토신 일
而住하야 **始從前際**로 **至今現在一切國土身**과 **一**

체중생신　　일체허공도　　기중일일모단량처
切衆生身과 **一切虛空道**히 **其中一一毛端量處**에

일일각유미진수찰　　　종종업기　　차제이주
一一各有微塵數刹의 **種種業起**하야 **次第而住**하야

실유도량보살중회
悉有道場菩薩衆會어든

　이 회중에 있는 보살 대중이 이와 같은 모든 부처님 여래의 깊고 깊은 삼매와 큰 신통의 힘을 보는 것과 같이, 이와 같이 온 법계 허공계의 동서남북과 네 간방과 상방과 하방의 모든 방향의 바다 가운데서 중생의 마음을 의지하여 머무르면서, 시작 없는 과거로부터 현재에 이르는 모든 국토 몸이나 모든 중생 몸이나 모든 허공 가운데 낱낱 털끝만 한 곳마다 낱낱이 각각 작은 먼지 수 같은 세계가 있어 가지가지 업으로 생기어 차례로 머물거든 그 세계마다 도량에 모인 보살 대중이 있었습니다.

　세존이 미간의 백호상으로부터 광명을 놓으니 그 광명을 의지하여 법을 보게 되는데, 먼저 서다림 대중들이 광명에 나타난 경계를 보고, 서다림 대중뿐만 아니라 시방세계에서도

그 광명에 나타난 온갖 경계를 다 보게 되는 것을 밝혔다.

皆亦如是見佛神力_{으로} 不壞三世_{하고} 不壞世間_{하야} 於一切衆生心中_에 現其影像_{하며}

모든 이들이 또한 이와 같이 부처님의 위신력을 보되 세 세상을 무너뜨리지 않고 세간을 무너뜨리지 않으면서 모든 중생의 마음에 그 영상을 나타내었습니다.

세 세상을 무너뜨리지 않고 세간을 무너뜨리지 않는다는 것은 이 법회에 모인 보살 대중은 과거 현재 미래의 모든 시간성과 동서남북 모든 공간성에 서로서로 자유자재하게 중생의 마음에 그 영상을 나타낸다는 뜻이다. 예컨대 50년 전 어떤 곳에 있던 나의 모습을 50년 후 지금 이곳에 나타내어 그 모습으로 일상을 생활하는 데 걸림이 없이 자유자재하다는 것이다.

수 일 체 중 생 심 락   출 묘 언 음   보 입 일 체
隨一切衆生心樂하야 出妙言音하며 普入一切

중 회 중   보 현 일 체 중 생 전
衆會中하고 普現一切衆生前하야

　모든 중생의 마음에 좋아함을 따라 미묘한 음성을 내고, 모든 대중의 모인 데 널리 들어가서 모든 중생 앞에 널리 나타났습니다.

색 상 유 별   지 혜 무 이   수 기 소 응   개 시
色相有別이나 智慧無異하며 隨其所應하야 開示

불 법   교 화 조 복 일 체 중 생   미 증 휴 식
佛法하야 敎化調伏一切衆生호대 未曾休息하니라

　빛과 모양은 다르나 지혜는 다르지 않으며, 그들에게 마땅한 대로 불법을 열어 보이며, 모든 중생을 교화하고 조복하기를 잠깐도 쉬지 아니하였습니다.

　또 이 법회에 모인 보살 대중은 모든 중생의 마음을 따라 미묘한 음성을 내고, 모든 대중의 모인 데 널리 들어가서 모든 중생들 앞에 널리 나타난다. 그들의 모습 하나하나는 각

각 다르지만 지혜는 다르지 않다. 중생들이 필요로 하는 대로 불법을 열어 보여서 끊임없이 중생을 교화하고 조복한다.

3) 옛 인연을 증명하다

其有見此佛神力者는 皆是毘盧遮那如來가 於
기유견차불신력자 개시비로자나여래 어

往昔時에 善根攝受며 或昔曾以四攝所攝이며 或
왕석시 선근섭수 혹석증이사섭소섭 혹

是見聞憶念親近之所成熟이며 或是往昔에 敎其
시견문억념친근지소성숙 혹시왕석 교기

令發阿耨多羅三藐三菩提心이며 或是往昔에 於
영발아뇩다라삼먁삼보리심 혹시왕석 어

諸佛所에 同種善根이며 或是過去에 以一切智善
제불소 동종선근 혹시과거 이일체지선

巧方便으로 敎化成熟이니라
교방편 교화성숙

그들이 이 부처님의 위신력을 보는 것은 다 비로자나여래께서 지난 옛적에 착한 뿌리로 거두어 주신 것이며, 혹은 예전에 일찍이 네 가지 거두어 주는 법으로 섭수하여 주신 것이며, 혹은 보고 듣고 생각하고 친근하여 성숙시킨 것이며, 혹은 옛적에 그들을 교화하여 아뇩다라삼먁삼보리심을 내게 한 것이며, 혹은 과거에 모든 부처님 계신 데서 착한 뿌리를 함께 심은 것이며, 혹은 과거에 일체 지혜와 교묘한 방편으로 교화하여 성숙시킨 것이었습니다.

법회에 동참한 모든 보살들이 세존의 백호상으로부터 놓은 광명을 통하여 온갖 경계를 다 보게 된 까닭은 이러이러한 옛 인연에 의한 것이라는 사실을 밝혔다. 중생들의 일체 세상에서 일어나는 일이나, 일체 성인이 성인이 된 까닭이나, 중생과 성인이 함께 의지하여 머물고 있는 이 세계나 인과관계로 이루어지지 않은 것은 한 가지도 없다. 그래서 어떤 이들은 화엄경을 과판科判하기를 부처님이 성불하여 가는 과정과 보살이 성불하여 가는 과정과 중생이 성불하여 가는 과정의 세 가지 인과[三周因果]를 밝힌 내용이라고 하였다.

4) 이익을 얻다

(1) 보살들이 여래의 경계에 들어가다

是故로 皆得入於如來不可思議甚深三昧의 盡法界虛空界大神通力하며 或入法身하며 或入色身하며 或入往昔所成就行하며 或入圓滿諸波羅蜜하며

그러므로 다 여래의 불가사의한 깊고 깊은 삼매의 온 법계 허공계의 큰 신통한 힘에 들어갔으며, 혹 법의 몸에 들기도 하고, 혹 육신에 들기도 하고, 혹 옛적에 성취한 행에 들기도 하고, 혹 원만한 여러 바라밀다에 들기도 하였습니다.

或入莊嚴淸淨行輪하며 或入菩薩諸地하며 或入成正覺力하며 或入佛所住三昧無差別大神變

혹 입 여 래 력 무 외 지　　혹 입 불 무 애 변 재 해
하며 **或入如來力無畏智**하며 **或入佛無礙辯才海**하나니

혹 장엄하고 청정한 행에 들기도 하고, 혹 보살의 여러 지위에 들기도 하고, 혹 정각을 이루는 힘에 들기도 하고, 혹 부처님이 머무는 삼매와 차별 없는 큰 신통변화에 들기도 하고, 혹 여래의 힘과 두려움 없는 지혜에 들기도 하고, 혹 부처님의 걸림이 없는 변재 바다에 들기도 하였습니다.

보살들이 세존의 백호상 광명을 보고 이익을 얻은 것에 대하여 밝혔다. 그 이익이란 보살들이 여래의 경계에 다 들어간 것이다. 실로 세존은 언제나 백호상으로 지혜의 광명을 놓고 있으나 중생들은 알지 못하고 깨닫지 못한다. 보살들이 광명으로 여래의 경계에 들어갔다는 것은 여래의 지혜와 함께하고 있다는 뜻이다.

피 제 보 살　이 종 종 해　　종 종 도　　종 종 문　　종
彼諸菩薩이 **以種種解**와 **種種道**와 **種種門**과 **種**

종입　　종종이취　　종종수순　　종종지혜　　종종
種入과 種種理趣와 種種隨順과 種種智慧와 種種
조도　　종종방편　　종종삼매　　입여시등십불가
助道와 種種方便과 種種三昧로 入如是等十不可
설불찰미진수불신변해방편문
說佛刹微塵數佛神變海方便門이니라

　저 모든 보살이 가지가지 이해와, 가지가지 도道와, 가지가지 문과, 가지가지 들어감과, 가지가지 이치와, 가지가지 따라 줌과, 가지가지 지혜와, 가지가지 도를 도움과, 가지가지 방편과, 가지가지 삼매로 이와 같은 열 가지 말할 수 없는 부처님 세계의 작은 먼지 수 부처님 신통변화 바다의 방편문에 들어갔습니다.

　보살이 무엇으로 인하여 여래의 경계에 들어간 것인가를 밝혔다. 가지가지 이해와, 가지가지 도道와, 가지가지 문과, 가지가지 삼매 등으로 말할 수 없는 부처님 세계의 작은 먼지 수 부처님 신통변화 바다의 방편문에 들어갔다.

(2) 보살들의 일백일문一百一門 삼매

운하종종삼매   소위보장엄법계삼매   보
云何種種三昧오 **所謂普莊嚴法界三昧**와 **普**

조일체삼세무애경계삼매   법계무차별지광
照一切三世無礙境界三昧와 **法界無差別智光**

명삼매   입여래경계부동전삼매   보조무변
明三昧와 **入如來境界不動轉三昧**와 **普照無邊**

허공삼매
虛空三昧와

무엇을 가지가지 삼매라 합니까. 이른바 법계를 두루 장엄하는 삼매와, 모든 세 세상의 걸림 없는 경계를 널리 비추는 삼매와, 법계의 차별이 없는 지혜 광명 삼매와, 여래의 경계에 들어가 흔들리지 않는 삼매와, 그지없는 허공을 두루 비추는 삼매와,

앞에서 저 모든 보살들이 가지가지 이해와, 가지가지 도道와, 가지가지 문과, 가지가지 들어감과, 가지가지 이치와, 가지가지 따라 줌과, 가지가지 지혜와, 가지가지 도를 도움과, 가지가지 방편과, 가지가지 삼매로 여래의 한량없는 경계에 들어감을 밝혔는데, 그 가운데 마지막 삼매에 대해

서만 집중적으로 101가지의 삼매를 들었다. 101가지 삼매를 낱낱이 해설하지 않고 경문만을 깊이 음미하며 넘어간다.

    입여래력삼매   불무외용맹분신장엄삼매
入如來力三昧와 **佛無畏勇猛奮迅莊嚴三昧**와

일체법계선전장삼매   여월보현일체법계
一切法界旋轉藏三昧와 **如月普現一切法界**하야

이무애음   대개연삼매   보청정법광명삼매
以無礙音으로 **大開演三昧**와 **普淸淨法光明三昧**와

  여래의 힘에 들어가는 삼매와, 부처님의 두려움 없는 용맹으로 기운 뻗고 장엄하는 삼매와, 모든 법계의 돌고 구르는 창고 삼매와, 달처럼 모든 법계에 나타나서 걸림 없는 음성으로 크게 열어서 연설하는 삼매와, 두루 청정한 법계의 광명 삼매와,

    무애중법왕당삼매   일일경계중   실견일
無礙繒法王幢三昧와 **一一境界中**에 **悉見一**

切諸佛海三昧와 於一切世間에 悉現身三昧와 入
如來無差別身境界三昧와 隨一切世間하야 轉大
悲藏三昧와

걸림 없는 비단 법왕 당기 삼매와, 낱낱 경계 속에서 일체 모든 부처님 바다를 보는 삼매와, 모든 세간에서 몸을 나타내는 삼매와, 여래의 차별 없는 몸의 경계에 들어가는 삼매와, 모든 세간을 따라서 크게 가엾이 여기는 창고를 굴리는 삼매와,

知一切法無有跡三昧와 知一切法究竟寂滅
三昧와 雖無所得이나 而能變化하야 普現世間三
昧와 普入一切刹三昧와 莊嚴一切佛刹하야 成正

각 삼 매
覺三昧와

모든 법에 자취가 없음을 아는 삼매와, 모든 법이 끝까지 고요함을 아는 삼매와, 비록 얻을 것이 없으나 능히 변화하여 세간에 두루 나타나는 삼매와, 모든 세계에 두루 들어가는 삼매와, 모든 부처님 세계를 장엄하고 정각을 이루는 삼매와,

관 일 체 세 간 주 색 상 차 별 삼 매　　관 일 체 중 생
觀一切世間主色相差別三昧와 **觀一切衆生**
경 계 무 장 애 삼 매　　능 출 생 일 체 여 래 모 삼 매　　능
境界無障礙三昧와 **能出生一切如來母三昧**와 **能**
수 행 입 일 체 불 해 공 덕 도 삼 매　　일 일 경 계 중　　출
修行入一切佛海功德道三昧와 **一一境界中**에 **出**
현 신 변　　진 미 래 제 삼 매
現神變하야 **盡未來際三昧**와

모든 세간 주인의 모양이 차별함을 보는 삼매와, 일체 중생의 경계를 보는 데 장애가 없는 삼매와, 모든 여래의 어머니를 출생하는 삼매와, 행을 닦아 모든 부처

님의 공덕의 길에 들어가는 삼매와, 낱낱 경계마다 오는 세월이 끝나도록 신통변화를 나타내는 삼매와,

入一切如來本事海三昧와 盡未來際토록 護持
一切如來種性三昧와 以決定解力으로 令現在十
方一切佛刹海로 皆淸淨三昧와 一念中에 普照一
切佛所住三昧와 入一切境界無礙際三昧와

일체 여래의 본사本事 바다에 들어가는 삼매와, 오는 세월이 끝나도록 모든 여래의 종자 성품을 보호하는 삼매와, 결정한 지혜의 힘으로 현재 시방에 있는 일체 부처님의 세계 바다를 다 청정하게 하는 삼매와, 잠깐 동안에 모든 부처님의 머무신 데를 두루 비추는 삼매와, 모든 경계의 걸림 없는 경계에 들어가는 삼매와,

영일체세계　위일불찰삼매　출일체불변
令一切世界로 **爲一佛刹三昧**와 **出一切佛變**

화신삼매　이금강왕지　지일체제근해삼매
化身三昧와 **以金剛王智**로 **知一切諸根海三昧**와

지일체여래동일신삼매　지일체법계소안립
知一切如來同一身三昧와 **知一切法界所安立**이

실주심념제삼매
悉住心念際三昧와

　모든 세계로 하여금 한 부처님의 세계를 만드는 삼매와, 모든 부처님의 변화한 몸을 내는 삼매와, 금강왕 지혜로 모든 근성 바다를 아는 삼매와, 모든 여래와 동일한 몸임을 아는 삼매와, 모든 법계의 나란히 정돈된 것이 모두 생각의 경계에 머무는 것임을 아는 삼매와,

어일체법계광대국토중　시현열반삼매
於一切法界廣大國土中에 **示現涅槃三昧**와

영주최상처삼매　어일체불찰　현종종중생
令住最上處三昧와 **於一切佛刹**에 **現種種衆生**

차별신삼매   보입일체불지혜삼매   지일체
差別身三昧와 **普入一切佛智慧三昧**와 **知一切**

법성상삼매
法性相三昧와

모든 법계의 광대한 국토에서 열반을 나타내 보이는 삼매와, 가장 높은 곳에 머물게 하는 삼매와, 모든 부처님의 세계에서 갖가지 중생의 차별한 몸을 나타내는 삼매와, 모든 부처님의 지혜에 널리 들어가는 삼매와, 모든 법의 성품과 모양을 아는 삼매와,

일념보지삼세법삼매   염념중   보현법계
一念普知三世法三昧와 **念念中**에 **普現法界**

신삼매   이사자용맹지   지일체여래출흥차
身三昧와 **以獅子勇猛智**로 **知一切如來出興次**

제삼매   어일체법계경계   혜안원만삼매   용
第三昧와 **於一切法界境界**에 **慧眼圓滿三昧**와 **勇**

맹취향십력삼매
猛趣向十力三昧와

한 생각에 세 세상의 법을 두루 아는 삼매와, 잠깐

동안에 법계의 몸을 두루 나타내는 삼매와, 사자의 용맹한 지혜로 모든 여래의 출현하시는 차례를 아는 삼매와, 모든 법계의 경계에 지혜 눈이 원만한 삼매와, 용맹하게 열 가지 힘으로 향하여 나아가는 삼매와,

放一切功德圓滿光明하야 普照世間三昧와 不動藏三昧와 說一法이 普入一切法三昧와 於一法에 以一切言音으로 差別訓釋三昧와 演說一切佛無二法三昧와

모든 공덕의 원만한 광명을 놓아 세간을 두루 비추는 삼매와, 흔들리지 않는 갈무리 삼매와, 한 법을 말하여 모든 법에 두루 들어가는 삼매와, 한 법에 대하여 모든 말로 차별하게 해석하는 삼매와, 모든 부처님의 둘이 없는 법을 연설하는 삼매와,

知三世無礙際三昧와 知一切劫無差別三昧와

入十力微細方便三昧와 於一切劫에 成就一切

菩薩行不斷絕三昧와 十方普現身三昧와

세 세상의 걸림 없는 경계를 아는 삼매와, 모든 겁이 차별이 없음을 아는 삼매와, 열 가지 힘의 미세한 방편에 들어가는 삼매와, 모든 겁에 일체 보살의 행을 성취하여 끊어지지 않는 삼매와, 시방에 널리 몸을 나타내는 삼매와,

於法界에 自在成正覺三昧와 生一切安隱受

三昧와 出一切莊嚴具하야 莊嚴虛空界三昧와 念

念中에 出等衆生數變化身雲三昧와 如來淨空

月光明三昧와

법계에서 마음대로 정각을 이루는 삼매와, 모든 편안하게 느낌을 내는 삼매와, 모든 장엄거리를 내어 허공계를 장엄하는 삼매와, 잠깐잠깐 동안에 중생의 수효와 같은 변화하는 몸 구름을 내는 삼매와, 여래의 깨끗한 허공에 있는 달의 광명 삼매와,

常見一切如來住虛空三昧와 開示一切佛莊嚴三昧와 照明一切法義燈三昧와 照十力境界三昧와 三世一切佛幢相三昧와

모든 여래가 허공에 머무름을 항상 보는 삼매와, 모든 부처님의 장엄을 열어 보이는 삼매와, 모든 법과 뜻을 밝게 비추는 등불 삼매와, 열 가지 힘의 경계를 비추는 삼매와, 세 세상 모든 부처님의 당기 모양 삼매와,

일체불일밀장삼매 염념중 소작개구경
一切佛一密藏三昧와 **念念中**에 **所作皆究竟**

삼매 무진복덕장삼매 견무변불경계삼매
三昧와 **無盡福德藏三昧**와 **見無邊佛境界三昧**와

견주일체법삼매
堅住一切法三昧와

모든 부처님의 한 가지 비밀한 갈무리 삼매와, 생각 생각마다 짓는 일이 다 끝까지 이르는 삼매와, 다함이 없는 복덕장 삼매와, 그지없는 부처님의 경계를 보는 삼매와, 모든 법에 굳게 머무는 삼매와,

현일체여래변화 실령지견삼매 염념중
現一切如來變化하야 **悉令知見三昧**와 **念念中**에

불일상출현삼매 일일중 실지삼세소유법
佛日常出現三昧와 **一日中**에 **悉知三世所有法**

삼매 보음연설일체법성적멸삼매 견일체
三昧와 **普音演說一切法性寂滅三昧**와 **見一切**

불자재력삼매
佛自在力三昧와

모든 여래의 변화를 나타내어 다 보고 알게 하는 삼매와, 생각 생각마다 부처님 해가 항상 나타나는 삼매와, 하루 동안에 세 세상에 있는 법을 다 아는 삼매와, 두루 한 음성으로 모든 법의 성품이 고요함을 연설하는 삼매와, 모든 부처님의 자재한 힘을 보는 삼매와,

법계개부연화삼매 관제법여허공무주처
法界開敷蓮華三昧와 **觀諸法如虛空無住處**

삼매   시방해   보입일방삼매   입일체법계무
三昧와 **十方海**로 **普入一方三昧**와 **入一切法界無**

원저삼매   일체법해삼매
源底三昧와 **一切法海三昧**와

법계에 연꽃이 피는 삼매와, 모든 법이 허공과 같아서 머무는 곳이 없음을 보는 삼매와, 시방의 바다가 한 방소方所에 두루 들어가는 삼매와, 모든 법계가 근원이 없는 데 들어가는 삼매와, 모든 법 바다 삼매와,

이적정신　　방일체광명삼매　　일념중　　현
以寂靜身으로 **放一切光明三昧**와 **一念中**에 **現**

일체신통대원삼매　　일체시일체처　　성정각
一切神通大願三昧와 **一切時一切處**에 **成正覺**

삼매　　이일장엄　　입일체법계삼매　　보현일
三昧와 **以一莊嚴**으로 **入一切法界三昧**와 **普現一**

체제불신삼매
切諸佛身三昧와

　　고요한 몸으로 온갖 광명을 놓는 삼매와, 한 생각 동안에 모든 신통과 큰 원을 나타내는 삼매와, 온갖 시간 온갖 처소에서 바른 깨달음을 이루는 삼매와, 한 장엄으로 모든 법계에 들어가는 삼매와, 일체 모든 부처님 몸을 두루 나타내는 삼매와,

　　지일체중생광대수승신통지삼매　　일념중
知一切衆生廣大殊勝神通智三昧와 **一念中**에

기신　변법계삼매　　현일승정법계삼매　　입보문
其身이 **徧法界三昧**와 **現一乘淨法界三昧**와 **入普門**

法界하야 示現大莊嚴三昧와 住持一切佛法輪三昧와

　모든 중생의 광대하고 수승한 신통의 지혜를 아는 삼매와, 잠깐 동안에 몸이 법계에 두루 하는 삼매와, 일승一乘의 깨끗한 법계를 나타내는 삼매와, 넓은 문의 법계에 들어가서 큰 장엄을 나타내는 삼매와, 모든 부처님의 법륜을 머물러 지니는 삼매와,

以一切法門으로 莊嚴一法門三昧와 以因陀羅網願行으로 攝一切衆生界三昧와 分別一切世界門三昧와 乘蓮華自在遊步三昧와 知一切衆生種種差別神通智三昧와

　모든 법문으로 한 법문을 장엄하는 삼매와, 인드라 그물 같은 원과 행으로 모든 중생계를 거두어 주는 삼매와, 모든 세계의 문을 분별하는 삼매와, 연꽃을 타고

마음대로 걸어 다니는 삼매와, 모든 중생의 갖가지로 차별한 신통의 지혜를 아는 삼매와,

令其身_{영기신}으로 恒現一切衆生前三昧_{항현일체중생전삼매}와 知一切衆生差別音聲言辭海三昧_{지일체중생차별음성언사해삼매}와 知一切衆生差別智神通三昧_{지일체중생차별지신통삼매}와 大悲平等藏三昧_{대비평등장삼매}와 一切佛_{일체불}이 入如來際三昧_{입여래제삼매}와 觀察一切如來解脫處獅子頻申三昧_{관찰일체여래해탈처사자빈신삼매}니라

그 몸을 모든 중생의 앞에 항상 나타내는 삼매와, 모든 중생의 차별한 음성과 말을 아는 삼매와, 모든 중생의 차별한 지혜와 신통을 아는 삼매와, 큰 자비가 평등한 갈무리 삼매와, 모든 부처님이 여래의 경계에 들어가는 삼매와, 모든 여래의 해탈한 곳을 관찰하는 사자의 기운 뻗는 삼매였습니다.

보살　이여시등불가설불찰미진수삼매　입
菩薩이 **以如是等不可說佛刹微塵數三昧**로 **入**

비로자나여래염념충만일체법계삼매신변해
毘盧遮那如來念念充滿一切法界三昧神變海니라

　보살이 이와 같이 말할 수 없는 부처님 세계의 작은 먼지 수 삼매로 비로자나여래의 잠깐잠깐마다 모든 법계에 가득한 삼매의 신통변화 바다에 들어갔습니다.

(3) 광명을 보고 덕을 갖추다

기제보살　개실구족대지신통　　명리자재
其諸菩薩이 **皆悉具足大智神通**하야 **明利自在**

　　주어제지　이광대지　보관일체　종제지
하야 **住於諸地**하며 **以廣大智**로 **普觀一切**가 **從諸智**

혜종성이생　일체지지　상현재전　득이치
慧種性而生하야 **一切智智**가 **常現在前**하야 **得離癡**

예청정지안
翳清淨智眼하며

　그 모든 보살은 모두 다 큰 지혜와 신통을 구족하였으니, 밝고 예리함이 자유자재하여 여러 지위에 머물며, 광대한 지혜로 모든 것이 모든 지혜의 종자 성품으로부터 났음을 두루 보며, 온갖 지혜의 지혜가 항상 앞에 나타나서 어리석은 가림을 떠난 청정한 지혜 눈을 얻었습니다.

광명을 보고 덕을 갖추는 내용에서 청량스님은 열 가지 덕이 있음을 열거하였다. 첫째는 지혜의 지위가 높고 깊은 덕[智位高深德]이다.

위 제 중 생   작 조 어 사   주 불 평 등   어 일
爲諸衆生하야 **作調御師**하야 **住佛平等**하야 **於一**

체법   무유분별   요달경계   지제세간   성
切法에 **無有分別**하며 **了達境界**하야 **知諸世間**이 **性**

개적멸   무유의처
皆寂滅하야 **無有依處**하며

모든 중생을 위하여 다스리는 스승[調御師]이 되어 부처님의 평등한 데 머무르며, 모든 법에 분별이 없으며, 경계를 분명히 통달하여 모든 세간의 성품이 고요하여

의지한 데 없음을 알며,

보예일체제불국토　　이무소착　　실능관
普詣一切諸佛國土호대 **而無所着**하며 **悉能觀**
찰일체제법　　이무소주　　변입일체묘법궁
察一切諸法호대 **而無所住**하며 **徧入一切妙法宮**
전　　이무소래　　교화조복일체세간　　보위
殿호대 **而無所來**하며 **敎化調伏一切世間**하야 **普爲**
중생　　현안은처
衆生하야 **現安隱處**하며

일체 모든 부처님의 국토에 두루 나아가나 집착이 없으며, 일체 모든 법을 다 능히 관찰하나 머무름이 없으며, 모든 묘한 법의 궁전에 두루 들어가나 오는 바가 없으며, 모든 세간을 교화하고 조복해서 널리 중생을 위하여 편안한 곳을 나타내었습니다.

광명을 보고 덕을 갖추는 열 가지 중에 두 번째는 중생을 조복하되 조복하는 바에 물듦이 없는 덕[調生無染德]을 밝혔다.

智慧解脫로 爲其所行하며 恒以智身으로 住離
貪際하며 超諸有海하야 示眞實際하며 智光圓滿하야
普見諸法하며 住於三昧하야 堅固不動하며 於諸衆
生에 恒起大悲하며

지혜의 해탈이 그의 행할 바가 되어 항상 지혜의 몸으로 탐욕을 떠난 경계에 머물며, 생사의 바다[諸有海]에서 벗어나 진실한 경계를 보이고, 지혜의 빛이 원만하여 모든 법을 널리 보며, 삼매에 머물러서 견고하여 동요하지 않고, 여러 중생에게 크게 가엾이 여김을 일으키며,

知諸法門이 悉皆如幻하고 一切衆生이 悉皆如
夢하고 一切如來가 悉皆如影하고 一切言音이 悉皆

여향　일체제법　실개여화
如響하고 一切諸法이 悉皆如化하며

　모든 법문은 다 환상과 같고, 모든 중생은 꿈과 같고, 모든 여래는 그림자와 같고, 모든 말은 메아리와 같고, 모든 법은 변화와 같음을 알며,

선능적집수승행원　　지혜원만　청정선
善能積集殊勝行願하야 智慧圓滿하며 淸淨善
교　심극적정　　선입일체총지경계　　구삼
巧나 心極寂靜하며 善入一切總持境界하며 具三
매력　용맹무겁
昧力하야 勇猛無怯하며

　훌륭한 행과 원을 잘 모으고 지혜가 원만하고 방편이 청정하여 마음이 매우 고요하며, 모든 총지總持의 경계에 잘 들어가고, 삼매의 힘을 구족하여 용맹하고 겁이 없으며,

획 명 지 안   주 법 계 제   도 일 체 법 무 소 득
獲明智眼하야 住法界際하며 到一切法無所得

처   수 습 무 애 지 혜 대 해
處하며 修習無涯智慧大海하며

밝은 지혜의 눈을 얻어 법계의 경계에 머물고, 온갖 법이 얻을 것 없는 데 이르며, 가없는 지혜의 큰 바다를 닦아 익히며,

도 지 바 라 밀 구 경 피 안   위 반 야 바 라 밀 지 소
到智波羅蜜究竟彼岸하며 爲般若波羅蜜之所

섭 지   이 신 통 바 라 밀   보 입 세 간   의 삼 매 바
攝持하며 以神通波羅蜜로 普入世間하며 依三昧波

라 밀   득 심 자 재
羅蜜로 得心自在하며

지혜바라밀다의 끝인 저 언덕에 이르고, 반야바라밀다의 거두어 가짐이 되며, 신통바라밀다로 세간에 널리 들어가고, 삼매바라밀다를 의지하여 마음이 자재함을 얻었습니다.

광명을 보고 덕을 갖추는 열 가지 중에 세 번째는 여러 가지 바라밀다를 성취하는 덕[成滿諸度德]을 밝혔다.

以不顚倒智_로 知一切義_{하며} 以巧分別智_로 開示法藏_{하며} 以現了智_로 訓釋文辭_{하며} 以大願力_{으로} 說法無盡_{하며}

뒤바뀌지 않은 지혜로 모든 이치를 알고, 교묘하게 분별하는 지혜로 법장을 열어 보이며, 드러나게 아는 지혜로 글을 해석하고, 큰 서원의 힘으로 법을 말함이 다함이 없으며,

以無所畏大獅子吼_로 常樂觀察無依處法_{하며} 以淨法眼_{으로} 普觀一切_{하며} 以淨智月_로 照世成壞

하며 **以智慧光**으로 **照眞實諦**하며

두려움 없는 큰 사자후로 의지한 데 없는 법을 관찰하기 항상 좋아하고, 깨끗한 법의 눈으로 모든 것을 두루 보며, 깨끗한 지혜의 달로 세간이 이루어지고 무너짐을 비추고, 지혜의 빛으로 진실한 이치를 비추며,

福德智慧가 **如金剛山**하야 **一切譬喩**의 **所不能及**이며 **善觀諸法**하야 **慧根增長**하며 **勇猛精進**하야 **摧伏衆魔**하며 **無量智慧**가 **威光熾盛**하며

복덕과 지혜는 금강산과 같아서 온갖 비유로 미칠 수 없고, 모든 법을 잘 관찰하여 지혜의 뿌리가 증장하며, 용맹하게 정진하여 온갖 마군을 꺾어 부수고, 한량없는 지혜는 위엄과 광채가 치성하며,

_{기 신} _{초 출 일 체 세 간} _{득 일 체 법 무 애 지 혜}
其身이 超出一切世間하야 得一切法無礙智慧

_{선 능 오 해 진 무 진 제} _{주 어 보 제} _{입 진 실}
하며 善能悟解盡無盡際하며 住於普際하야 入眞實

_제 _{무 상 관 지} _{상 현 재 전}
際하며 無相觀智가 常現在前하며

 그 몸은 모든 세간에서 뛰어났으며, 모든 법에 걸림 없는 지혜를 얻어 다하고 다함이 없는 경계를 잘 알고, 넓은 경계에 머물러 진실한 경계에 들어가며, 형상 없이 관찰하는 지혜가 항상 앞에 나타나는 것입니다.

 백호상에서 놓은 광명을 보고 덕을 갖추는 열 가지 중에 네 번째는 지혜의 힘으로 두려움이 없는 덕[智力無畏德]을 밝혔다.

_{선 교 성 취 제 보 살 행} _{이 무 이 지} _{지 제 경 계}
善巧成就諸菩薩行하며 以無二智로 知諸境界

_{보 견 일 체 세 간 제 취} _{변 왕 일 체 제 불 국 토}
하며 普見一切世間諸趣하며 徧往一切諸佛國土하며

지등원만   어일체법   무제암장
智燈圓滿하야 **於一切法**에 **無諸闇障**하며

교묘하게 모든 보살들의 행을 성취하고, 둘이 없는 지혜로 모든 경계를 알며, 모든 세간의 여러 길을 두루 보고, 일체 모든 부처님의 국토에 두루 가고, 지혜 등불이 원만하여 일체 법에 모든 어둠이 없으며,

방정법광   조시방계   위제세간   진실
放淨法光하야 **照十方界**하며 **爲諸世間**의 **眞實**
복전   약견약문   소원개만   복덕고대
福田하야 **若見若聞**에 **所願皆滿**하며 **福德高大**하야
초제세간   용맹무외   최제외도   연미묘
超諸世間하며 **勇猛無畏**하야 **摧諸外道**하며 **演微妙**
음   변일체찰
音하야 **徧一切刹**하며

깨끗한 법의 광명을 놓아 시방의 세계를 비추고, 모든 세간의 진실한 복밭이 되어 보는 이나 듣는 이가 소원하는 바를 다 이루며, 복덕이 높고 커서 모든 세간에서 뛰어났고, 용맹하고 두려움이 없어 모든 외도를 굴

복시키며, 미묘한 음성을 내어 모든 세계에 두루 하였습니다.

백호상에서 놓은 광명을 보고 덕을 갖추는 열 가지 중에 다섯 번째는 예전의 수행을 성취시키는 덕[成就昔行德]을 밝혔다.

普見諸佛_{호대} 心無厭足_{하며} 於佛法身_에 已得自在_{하며} 隨所應化_{하야} 而爲現身_{하며} 一身_이 充滿一切佛刹_{하며}

보견제불 심무염족 어불법신 이득자재 수소응화 이위현신 일신 충만 일체 불찰

널리 모든 부처님을 뵈옵는 마음은 싫어할 줄 모르고, 부처님 법의 몸에는 이미 자유자재하였으며, 교화할 중생을 따라 몸을 나타내니, 한 몸이 모든 부처님 세계에 가득하였습니다.

백호상에서 놓은 광명을 보고 덕을 갖추는 열 가지 중에 여섯 번째는 법신이 원만한 덕[法身圓滿德]을 밝혔다.

已得自在淸淨神通_{하며} 乘大智舟_{하야} 所往無礙_{하며} 智慧圓滿_{하야} 周徧法界_{하며} 譬如日出_{하야} 普照世間_{하며}

이미 자재하여 청정한 신통을 얻었고, 큰 지혜의 배를 타고 가는 곳마다 걸림이 없으며, 지혜가 원만하여 법계에 두루 하니, 마치 해가 떠서 세간을 비추는 것과 같으며,

隨衆生心_{하야} 現其色像_{하며} 知諸衆生_의 根性欲樂_{하며} 入一切法無諍境界_{하며} 知諸法性_의 無生

무기　능령소대　자재상입
無起하며 **能令小大**로 **自在相入**하며

중생의 마음을 따라 그 빛과 형상을 나타내며, 모든 중생의 근성과 욕망을 알고, 모든 법이 다툼이 없는 경계에 들어가며, 모든 법의 성품이 남[生]도 없고 일어남도 없음을 알아 크고 작은 것이 자유자재하여 서로 들어가게 합니다.

백호상에서 놓은 광명을 보고 덕을 갖추는 열 가지 중에 일곱 번째는 육신이 자유자재한 덕[色身自在德]을 밝혔다.

결료불지　심심지취　　이무진구　설심심
決了佛地의 **甚深之趣**하며 **以無盡句**로 **說甚深**
의　　어일구중　연설일체수다라해　　획대지
義하며 **於一句中**에 **演說一切修多羅海**하며 **獲大智**
혜다라니신　　범소수지　영무망실
慧陀羅尼身하야 **凡所受持**를 **永無忘失**하며

부처님 지위의 깊고 깊은 뜻을 분명히 알고, 다함없

는 글귀로 매우 깊은 이치를 말하되 한 구절 가운데 모든 경전의 바다를 연설하며, 큰 지혜의 다라니 몸을 얻어 무릇 배워 지닌 것을 영원히 잊지 않으며,

一念_에 能憶無量劫事_{하며} 一念_에 悉知三世一切諸衆生智_{하며} 恒以一切陀羅尼門_{으로} 演說無邊諸佛法海_{하며} 常轉不退淸淨法輪_{하야} 令諸衆生_{으로} 皆生智慧_{하며}

한 생각에 능히 한량없는 겁 동안의 일을 기억하고, 한 생각에 세 세상 일체 모든 중생의 지혜를 다 알며, 항상 온갖 다라니문으로 그지없는 모든 부처님 법의 바다를 연설하여 항상 물러나지 않는 청정한 법륜을 굴리어 모든 중생으로 하여금 다 지혜를 내게 하였습니다.

백호상에서 놓은 광명을 보고 덕을 갖추는 열 가지 중에

여덟 번째는 변재가 자유자재한 덕[辯才自在德]을 밝혔다.

    득불경계지혜광명　　입어선견심심삼매
    得佛境界智慧光明하야 **入於善見甚深三昧**하며
    입일체법무장애제　　어일체법　승지자재
    入一切法無障礙際하며 **於一切法**에 **勝智自在**하며
    일체경계　청정장엄　　보입시방일체법계
    一切境界에 **淸淨莊嚴**하며 **普入十方一切法界**하야
    수기방소　　미불함지
    隨其方所하야 **靡不咸至**하며

　부처님 경계의 지혜 광명을 얻어서 잘 보는 깊고 깊은 삼매에 들어가며, 모든 법의 장애가 없는 경계에 들어가 온갖 법에 훌륭한 지혜가 자재하며, 모든 경계가 청정하게 장엄하여 시방의 모든 법계에 두루 들어가되 그 방소方所를 따라서 이르지 않는 데가 없었습니다.

　백호상에서 놓은 광명을 보고 덕을 갖추는 열 가지 중에 아홉 번째는 삼매의 신통변화의 덕[三昧神變德]을 밝혔다.

一一塵中에 現成正覺하야 於無色性에 現一切色하며 以一切方으로 普入一方하나니

낱낱 먼지 속에서 바른 깨달음 이룸을 나타내며 색의 성품이 없는 데서 온갖 색을 나타내며 모든 방위를 한 방위에 널리 다 넣었습니다.

세존이 백호상에서 놓은 광명을 보고 덕을 갖추는 열 가지 중에 열 번째는 등정각을 이루는 덕[成等正覺德]을 밝혔다. 부처님의 지혜 광명을 보고 온갖 덕을 다 갖추고는 궁극에는 부처님이 이루신 등정각까지 이루게 되었다는 사실이다. 이와 같은 내용은 불법의 시작과 끝이 모두 부처님의 지혜 광명을 보는 것에 다 포함되고 있다는 뜻이다.

其諸菩薩이 具如是等無邊福智功德之藏하야 常爲諸佛之所稱歎하니 種種言辭로 說其功德하야도

불능영진　　미불함재서다림중　　심입여래공
不能令盡이라 **靡不咸在逝多林中**하야 **深入如來功**

덕대해　　실견어불광명소조
德大海하야 **悉見於佛光明所照**라라

　그 보살들이 이와 같은 그지없는 복과 지혜와 공덕의 창고를 갖추어 항상 부처님들의 칭찬함을 받으니 갖가지 말로 그 공덕을 다 말하여도 다할 수 없으며, 다 서다림 가운데 있으면서 여래의 공덕 큰 바다에 깊이 들어가서 부처님의 광명이 비치는 것을 보지 않는 이가 없었습니다.

　세존이 사자빈신삼매에 든 채 백호상으로부터 광명을 놓으니 화엄경 입법계품의 법회가 설해지는 서다림에서 시방으로부터 모인 수많은 보살 대중이 그 광명을 보고 온갖 덕을 갖추게 되었다는 사실의 결론이다. 다시 한 번 정리하면 보살들이 세존의 광명을 보고 위와 같은 그지없는 복과 지혜와 공덕의 창고를 갖추어 항상 부처님들의 칭찬함을 받았다. 그리고 그 공덕은 설사 부처님이라 하더라도 다 설명할 수 없다는 것이다.

5) 보살들이 은혜를 입고 공양을 올리다

爾時_에 諸菩薩_이 得不思議正法光明_{하야} 心大
歡喜_{하사} 各於其身_과 及以樓閣諸莊嚴具_와 幷其
所坐獅子之座_와 徧逝多林一切物中_에 化現種
種大莊嚴雲_{하야} 充滿一切十方法界_{하니}

이때에 보살들이 부사의한 바른 법의 광명을 얻고 마음이 매우 환희하여, 제각기 그 몸과 누각의 모든 장엄거리와 앉아 있는 사자좌로써 서다림의 모든 물건에서 두루 하게 가지각색 장엄 구름을 변화하여 나타내어 일체 시방법계에 가득히 하였습니다.

서다림逝多林에서 입법계품의 설법이 있게 되는데 먼저 시방으로부터 무수한 보살 대중이 모여 오고 부처님은 사자빈신삼매에 들어 백호상으로부터 큰 광명을 놓았다. 보살 대중은 그 광명을 보고 이루 다 말할 수 없는 공덕을 얻었으므로 그 은혜에 대한 보답으로 한량없는 가지가지 공양 구름을 나타내어 시방법계에 가득히 하였다. 이와 같은 크나큰 불사를 일으키는데 어찌 장엄 공양이 없겠는가.

所謂_{소위}於念念中_{어염념중}에 放大光明雲_{방대광명운}하야 充滿十方_{충만시방}하야 悉能開悟一切衆生_{실능개오일체중생}하며

이른바 잠깐 동안에 큰 광명 구름을 놓아 시방에 가득하여 능히 일체 중생을 다 깨우치었습니다.

出一切摩尼寶鈴雲_{출일체마니보령운}하야 充滿十方_{충만시방}하야 出微妙音_{출미묘음}하야 稱揚讚歎三世諸佛一切功德_{칭양찬탄삼세제불일체공덕}하며

일체 마니보배 풍경 구름을 내어 시방에 가득하여 미묘한 음성으로 세 세상 모든 부처님의 일체 공덕을

일컬어 찬탄하였습니다.

출일체음악운 충만시방 음중 연설
出一切音樂雲하야 充滿十方하야 音中에 演說

일체중생 제업과보
一切衆生의 諸業果報하며

일체 음악 구름을 내어 시방에 가득하여 그 음성 속에서 일체 중생의 모든 업과 과보를 연설하였습니다.

출일체보살종종원행색상운 충만시방
出一切菩薩種種願行色相雲하야 充滿十方하야

설제보살 소유대원
說諸菩薩의 所有大願하며

일체 보살의 여러 가지 원과 행의 색상 구름을 내어 시방에 가득하여 모든 보살들이 가진 큰 원을 설하였습니다.

출 일 체 여래 자재 변 화 운 　　충 만 시 방　　　연
出一切如來自在變化雲하야 **充滿十方**하야 **演**

출 일체 제불 여래　　어언 음성
出一切諸佛如來의 **語言音聲**하며

일체 여래의 마음대로 변화하는 구름을 내어 시방에 가득하여 일체 모든 부처님 여래의 음성을 말하였습니다.

출 일 체 보 살 상 호 장 엄 신 운　　충 만 시 방
出一切菩薩相好莊嚴身雲하야 **充滿十方**하야

설 제 여래　 어 일 체 국 토　 출 흥 차 제
說諸如來의 **於一切國土**에 **出興次第**하며

일체 보살의 잘생긴 모습으로 장엄한 몸의 구름을 내어 시방에 가득하여 모든 여래의 일체 국토가 생기던 차례를 말하였습니다.

출 삼 세 여래 도 량 운　　충 만 시 방　　현 일 체
出三世如來道場雲하야 **充滿十方**하야 **現一切**

여래 성등정각공덕장엄
如來의 成等正覺功德莊嚴하며

세 세상 여래의 도량 구름을 내어 시방에 가득하여 일체 여래께서 등정각을 이루는 공덕 장엄을 나타내었습니다.

출일체용왕운 　　충만시방 　　우일체제향
出一切龍王雲하야 **充滿十方**하야 **雨一切諸香**하며

일체 용왕 구름을 내어 시방에 가득하여 일체 모든 향을 비 내리었습니다.

출일체세주신운 　　충만시방 　　연설보현
出一切世主身雲하야 **充滿十方**하야 **演說普賢**
보살지행
菩薩之行하며

일체 세간 주인의 몸 구름을 내어 시방에 가득하여 보현보살의 행을 연설하였습니다.

출일체보장엄청정불찰운   충만시방
出一切寶莊嚴淸淨佛刹雲하야 **充滿十方**하야

현일체여래 전정법륜
現一切如來의 **轉正法輪**이라

일체 보배로 장엄하여 청정한 부처님 세계 구름을 내어 시방에 가득하여 일체 여래의 바른 법륜 굴림을 나타내었습니다.

시제보살 이득부사의법광명고 법응여시
是諸菩薩이 **以得不思議法光明故**로 **法應如是**

출흥차등불가설불찰미진수대신변장엄운
出興此等不可說佛刹微塵數大神變莊嚴雲하니라

이 모든 보살이 부사의한 법의 광명을 얻었으므로 법이 응당 이와 같이 이러한 등의 말할 수 없는 부처님 세계의 작은 먼지 수의 큰 신통변화로 장엄한 구름을 일으키었습니다.

보살들이 광명을 보고 큰 덕을 입어 공양 구름을 일으켜 공양하는 내용을 낱낱이 밝혀 마쳤다.

9. 문수보살이 서다림의 일을 게송으로 찬탄하다

爾時_에 文殊師利菩薩_이 承佛神力_{하야} 欲重宣
此逝多林中諸神變事_{하사} 觀察十方_{하고} 而說頌
言_{하사대}

　이때에 문수사리보살이 부처님의 위신력을 받들어 이 서다림逝多林 속의 모든 신통변화한 일을 거듭 펴려고 시방을 관찰하고 게송을 설하였습니다.

　드디어 문수보살이 등장하였다. 문수보살은 입법계품 53선지식의 첫 번째 선지식으로 등장할 뿐만 아니라 대승불교 경전 전반에 걸쳐서 보현보살과 아울러 대단히 중요한 보살의 역할을 하는 보살이다. 문수보살은 깨달음의 지혜를 상징하고 보현보살은 지혜의 실천을 상징한다.

사전적 설명을 살펴보면 문수사리文殊師利보살은 범어로 Mañjuśrī이다. 대승 보살이며, 구역舊譯에는 문수사리文殊師利·만수시리滿殊尸利이고, 신역新譯에는 만수실리曼殊室利이다. 신·구 6역譯이 있다. 묘덕妙德·묘수妙首·보수普首·유수濡首·경수敬首·묘길상妙吉祥이다. 문수文殊와 만수曼殊는 묘妙의 뜻이고, 사리師利·실리室利는 두頭·덕德·길상吉祥의 뜻이다.

보현보살과 짝하여 석가모니불의 보처로서 왼쪽에 있어 지혜를 맡은 보살이다. 머리에 5계髻를 맺은 것은 대일大日의 5지智를 표한 것이고, 바른손에는 지혜의 칼을 들고 왼손에는 꽃 위에 지혜의 그림이 있는 청련화青蓮華를 쥐고 있다. 사자를 타고 있는 것은 위엄과 용맹을 나타낸 것이다. 1자字문수·5자문수·8자문수·1계髻문수·5계문수·아문수兒文殊 등의 여러 종류가 있어 모양이 각기 다르다.

이 보살은 석존의 교화를 돕기 위하여 일시적으로 방편으로 나타나서 보살의 자리에 있다고도 한다. 벌써 성불하여 용존상불龍尊上佛·대신불大身佛·신선불神仙佛이라 하며,

또 미래에 성불하여 보견여래普見如來라고 부른다고도 한다. 또는 현재 북방의 상희세계常喜世界에 있는 환희장마니보적여래라고도 이름한다. 이 부처님의 이름을 들으면 4중죄重罪가 없어진다 하며, 혹은 지금 중국의 산서성山西省 오대산(청량산)에서 1만 보살과 함께 있다고도 한다. 우리나라에는 강원도 오대산과 남쪽의 지리산이 문수보살이 상주하는 도량이라고 한다.

여 응 관 차 서 다 림
汝應觀此逝多林하라

이 불 위 신 광 무 제
以佛威神廣無際하며

일 체 장 엄 개 시 현
一切莊嚴皆是現하야

시 방 법 계 실 충 만
十方法界悉充滿이로다

그대들은 응당 이 서다림을 보라.
부처님의 위신력으로 끝없이 넓고
일체 장엄을 다 나타내어
시방법계에 충만하였도다.

시방일체제국토　　　무변품류대장엄
十方一切諸國土의　　**無邊品類大莊嚴**이

어기좌등경계중　　　색상분명개현현
於其座等境界中에　　**色像分明皆顯現**이로다

시방 일체 모든 국토의

그지없는 종류를 크게 장엄해

거기 있는 사자좌들 경계 가운데

온갖 모양 분명히 다 나타났도다.

종제불자모공출　　　종종장엄보염운
從諸佛子毛孔出　　**種種莊嚴寶焰雲**하며

급발여래미묘음　　　변만시방일체찰
及發如來微妙音하야　　**徧滿十方一切刹**이로다

모든 불자들의 모공에서

가지가지 장엄한 보배 불꽃 구름을 내며

여래의 미묘한 음성을 내어

시방의 모든 세계에 가득히 찼도다.

보수화중현묘신 　　　　기신색상등범왕
寶樹華中現妙身하니　**其身色相等梵王**이라

종선정기이유보 　　　　진지위의항적정
從禪定起而遊步나　**進止威儀恒寂靜**이로다

보배 나무 꽃에서 묘한 몸을 나타내니

그 몸의 색상이 범천왕과 같아

선정에서 일어나 걸어 다니나

오고 가는 거동이 항상 고요하도다.

여래일일모공내 　　　　상현난사변화신
如來一一毛孔內에　**常現難思變化身**호대

개여보현대보살 　　　　종종제상위엄호
皆如普賢大菩薩하야　**種種諸相爲嚴好**로다

여래의 하나하나 모공 속에서

부사의한 변화 몸을 항상 나타내니

모두 다 보현의 큰 보살 같아서

가지가지 모든 상호 장엄하였도다.

서다림상허공중	소유장엄발묘음
逝多林上虛空中에	**所有莊嚴發妙音**하야
보설삼세제보살	성취일체공덕해
普說三世諸菩薩의	**成就一切功德海**로다

서다림 위에 있는 허공중에서
여러 가지 장엄으로 미묘한 소리를 내어
세 세상 모든 보살들이 닦아 이루신
일체 공덕 바다를 널리 설하도다.

서다림중제보수	역출무량묘음성
逝多林中諸寶樹가	**亦出無量妙音聲**하야
연설일체제군생	종종업해각차별
演說一切諸群生의	**種種業海各差別**이로다

서다림 속에 있는 모든 보배 나무가
또한 한량없이 미묘한 음성을 내어
일체 모든 중생의 갖가지 업의 바다가
제각기 차별함을 연설하도다.

| 임중소유중경계 | 실현삼세제여래 |
| 林中所有衆境界가 | 悉現三世諸如來하야 |

| 일일개기대신통 | 시방찰해미진수 |
| 一一皆起大神通이 | 十方刹海微塵數로다 |

서다림 속에 있는 여러 경계가
세 세상 모든 여래를 다 나타내어
저마다 큰 신통을 일으키는 일
시방의 세계 바다 미진수와 같도다.

| 시방소유제국토 | 일체찰해미진수 |
| 十方所有諸國土의 | 一切刹海微塵數가 |

| 실입여래모공중 | 차제장엄개현도 |
| 悉入如來毛孔中하야 | 次第莊嚴皆現覩로다 |

시방에 널려 있는 모든 국토의
일체 세계 바다 미진수들이
여래의 모공에 다 들어가서
차례로 장엄함을 모두 보도다.

소유장엄개현불 　　　수등중생변세간
所有莊嚴皆現佛하대　　**數等衆生徧世間**하야

일일함방대광명 　　　종종수의화군품
一一咸放大光明하야　**種種隨宜化群品**이로다

모든 장엄 속에서 나타난 부처님
중생과 같은 수로 세간에 가득하고
부처님마다 큰 광명을 모두 놓아서
가지가지로 마땅하게 중생을 교화하도다.

향염중화급보장 　　　일체장엄수묘운
香焰衆華及寶藏과　　**一切莊嚴殊妙雲**이

미불광대등허공 　　　변만시방제국토
靡不廣大等虛空하야　**徧滿十方諸國土**로다

향 불꽃과 온갖 꽃과 보배 창고와
가지가지로 미묘하게 장엄한 구름
광대하여 허공과 같은 것이
시방의 모든 국토에 가득하도다.

시방삼세일체불 　　　소유장엄묘도량
十方三世一切佛의　　**所有莊嚴妙道場**이

어차원림경계중 　　　일일색상개명현
於此園林境界中에　　**一一色像皆明現**이로다

시방세계 세 세상 모든 부처님의

여러 가지 장엄한 아름다운 도량

이 동산의 서다림 경계 가운데

가지가지 모양이 다 나타났도다.

일체보현제불자 　　　백천겁해장엄찰
一切普賢諸佛子의　　**百千劫海莊嚴刹**이

기수무량등중생 　　　막불어차림중견
其數無量等衆生을　　**莫不於此林中見**이로다

일체 보현보살 모든 불자들

백천만겁 동안에 장엄한 세계

그 수효 한량없어 중생 수와 같거든

이 서다림 속에서 모두 다 보도다.

문수보살이 서다림의 일을 13게송으로 아름답게 표현하

였다. 다시 한 게송만 이끌어 오면 "시방세계 세 세상 모든 부처님의 여러 가지 장엄한 아름다운 도량 이 동산의 서다림 경계 가운데 가지가지 모양이 다 나타났도다."라고 하였다.

10. 큰 작용은 끝이 없다

1) 삼매 광명으로 세간의 주인 형상을 나타내다

爾時에 彼諸菩薩이 以佛三昧光明照故로 卽時에 得入如是三昧하야 一一皆得不可說佛刹微塵數大悲門하야 利益安樂一切衆生호대

그때에 저 보살들에게 부처님의 삼매 광명이 비치었으므로 곧 이러한 삼매에 들어갔으며, 제각기 말할 수 없는 부처님 세계 미진수의 크게 가엾이 여기는 문[大悲門]을 얻어 모든 중생을 이익되고 안락하게 하였습니다.

어기신상일일모공   개출불가설불찰미진
於其身上一一一毛孔에 **皆出不可說佛刹微塵**

수광명   일일광명   개화현불가설불찰미진
數光明하며 **一一光明**이 **皆化現不可說佛刹微塵**

수보살   기신형상   여세제주   보현일체중
數菩薩하니 **其身形相**이 **如世諸主**하야 **普現一切衆**

생지전   주잡변만시방법계   종종방편
生之前하야 **周帀徧滿十方法界**하야 **種種方便**으로

교화조복
教化調伏하니라

　몸에 있는 낱낱 모공마다 말할 수 없는 부처님 세계 미진수의 광명을 내고, 낱낱 광명에서는 말할 수 없는 부처님 세계 미진수의 보살들을 변화하여 나타내니, 그 몸의 형상이 세간의 주인들과 같으며, 일체 중생의 앞에 널리 나타나서 시방법계에 가득하게 차 있으면서 가지가지 방편으로 교화하고 조복하였습니다.

　세존이 서다림에서 사자빈신삼매에 들어 미간의 백호상으로부터 광명을 놓으니 그 광명의 큰 작용이 끝이 없다. 즉 모든 보살은 제각기 말할 수 없는 부처님 세계 미진수의 크게

가엾이 여기는 문을 얻어 모든 중생을 이익되고 안락하게 하였다. 또 몸에 있는 낱낱 모공마다 말할 수 없는 부처님 세계 미진수의 광명을 내고, 낱낱 광명에서는 말할 수 없는 부처님 세계 미진수의 보살들을 변화하여 나타낸다. 모두 세간의 주인 형상을 갖추고 일체 중생 앞에 널리 나타나서 시방법계에 가득하게 차 있으면서 가지가지 방편으로 교화하고 조복한다. 이것이 끝이 없는 큰 작용이며 계속해서 이어진다.

2) 가지가지 문을 나타내다

혹 현 불 가 설 불 찰 미 진 수 제 천 궁 전 무 상 문
或現不可說佛刹微塵數諸天宮殿無常門하며

혹은 말할 수 없는 부처님 세계 미진수의 하늘 궁전의 무상한 문을 나타내며,

혹 현 불 가 설 불 찰 미 진 수 일 체 중 생 수 생 문
或現不可說佛刹微塵數一切衆生受生門하며

혹은 말할 수 없는 부처님 세계 미진수의 모든 중생의 태어나는 문을 나타내며,

혹 현 불 가 설 불 찰 미 진 수 일 체 보 살 수 행 문
或現不可說佛刹微塵數一切菩薩修行門하며

혹은 말할 수 없는 부처님 세계 미진수의 모든 보살의 수행하는 문을 나타내며,

혹 현 불 가 설 불 찰 미 진 수 몽 경 문
或現不可說佛刹微塵數夢境門하며

혹은 말할 수 없는 부처님 세계 미진수의 꿈 경계의 문을 나타내며,

혹 현 불 가 설 불 찰 미 진 수 보 살 대 원 문
或現不可說佛刹微塵數菩薩大願門하며

혹은 말할 수 없는 부처님 세계 미진수의 보살의 큰 서원문을 나타내며,

혹 현 불 가 설 불 찰 미 진 수 진 동 세 계 문
或現不可說佛刹微塵數震動世界門하며

혹은 말할 수 없는 부처님 세계 미진수의 세계를 진동시키는 문을 나타내며,

혹 현 불 가 설 불 찰 미 진 수 분 별 세 계 문
或現不可說佛刹微塵數分別世界門하며

혹은 말할 수 없는 부처님 세계 미진수의 세계를 분별하는 문을 나타내며,

혹 현 불 가 설 불 찰 미 진 수 현 생 세 계 문
或現不可說佛刹微塵數現生世界門하니라

혹은 말할 수 없는 부처님 세계 미진수의 세계가 지금 생기는 문을 나타내었습니다.

세존이 서다림에서 사자빈신삼매에 들어 미간의 백호상으로부터 지혜 광명을 놓으니 그 광명의 큰 작용이 실로 끝

이 없고 다함이 없다.

3) 십바라밀과 지혜의 문을 나타내다

혹현불가설불찰미진수단바라밀문
或現不可說佛刹微塵數檀波羅蜜門하며

혹은 말할 수 없는 부처님 세계 미진수의 단바라밀 다문을 나타내며,

혹현불가설불찰미진수일체여래수제공덕
或現不可說佛刹微塵數一切如來修諸功德
종종고행시바라밀문
種種苦行尸波羅蜜門하며

혹은 말할 수 없는 부처님 세계 미진수의 모든 여래가 온갖 공덕을 닦느라고 가지가지로 고행하는 시라바라밀다문을 나타내며,

혹 현 불 가 설 불 찰 미 진 수 할 절 지 체 찬 제 바 라
或現不可說佛刹微塵數割截肢體羼提波羅

밀 문
蜜門하며

혹은 말할 수 없는 부처님 세계 미진수의 온몸을 도려내는 찬제바라밀다문을 나타내며,

혹 현 불 가 설 불 찰 미 진 수 근 수 비 리 야 바 라 밀
或現不可說佛刹微塵數勤修毘梨耶波羅蜜

문
門하며

혹은 말할 수 없는 부처님 세계 미진수의 부지런히 닦는 비리야바라밀다문을 나타내며,

혹 현 불 가 설 불 찰 미 진 수 일 체 보 살 수 제 삼 매
或現不可說佛刹微塵數一切菩薩修諸三昧

선 정 해 탈 문
禪定解脫門하며

혹은 말할 수 없는 부처님 세계 미진수의 일체 보살이 모든 삼매를 닦는 선정해탈문을 나타내며,

혹현불가설불찰미진수불도원만지광명문
或現不可說佛刹微塵數佛道圓滿智光明門하며

혹은 말할 수 없는 부처님 세계 미진수의 부처님의 도_道가 원만한 지혜의 광명문을 나타내며,

혹현불가설불찰미진수근구불법 위일문
或現不可說佛刹微塵數勤求佛法에 **爲一文**
일구고 사무수신명문
一句故로 **捨無數身命門**하며

혹은 말할 수 없는 부처님 세계 미진수의 불법을 부지런히 구하면서 한 문장, 한 글귀를 위하여 무수한 몸과 목숨을 버리는 문을 나타내며,

혹현불가설불찰미진수친근일체불　　자문
或現不可說佛刹微塵數親近一切佛하야 **諮問**

일체법　　심무피염문
一切法호대 **心無疲厭門**하며

혹은 말할 수 없는 부처님 세계 미진수의 모든 부처님을 친근하여 모든 법을 물으면서도 고달픈 생각이 없는 문을 나타내며,

혹현불가설불찰미진수수제중생　　시절욕
或現不可說佛刹微塵數隨諸衆生의 **時節欲**

락　　왕예기소　　방편성숙　　영주일체지해
樂하야 **往詣其所**하야 **方便成熟**하야 **令住一切智海**

광명문
光明門하며

혹은 말할 수 없는 부처님 세계 미진수의 모든 중생의 시절과 욕망을 따라 있는 곳에 나아가서 방편으로 성숙시키어 온갖 지혜 바다의 광명에 머물게 하는 문을 나타내며,

혹현불가설불찰미진수항복중마　　제제외
或現不可說佛刹微塵數降伏衆魔하고 **制諸外**
도　　현현보살복지력문
道하야 **顯現菩薩福智力門**하며

　혹은 말할 수 없는 부처님 세계 미진수의 모든 마魔를 항복받고 외도들을 제어하여 보살의 복과 지혜의 힘을 드러내는 문을 나타내며,

혹현불가설불찰미진수지일체공교명지문
或現不可說佛刹微塵數知一切工巧明智門하며

　혹은 말할 수 없는 부처님 세계 미진수의 모든 기술을 아는 밝은 지혜의 문을 나타내며,

혹현불가설불찰미진수지일체중생차별명
或現不可說佛刹微塵數知一切衆生差別明
지문
智門하며

　혹은 말할 수 없는 부처님 세계 미진수의 모든 중생

의 차별을 아는 밝은 지혜의 문을 나타내며,

혹현불가설불찰미진수지일체법차별명지
或現不可說佛剎微塵數知一切法差別明智
문
門하며

혹은 말할 수 없는 부처님 세계 미진수의 일체 법의 차별을 아는 밝은 지혜의 문을 나타내며,

혹현불가설불찰미진수지일체중생심락차
或現不可說佛剎微塵數知一切衆生心樂差
별명지문
別明智門하며

혹은 말할 수 없는 부처님 세계 미진수의 모든 중생의 마음으로 좋아함이 차별함을 아는 밝은 지혜의 문을 나타내며,

혹현불가설불찰미진수지일체중생근행번
或現不可說佛刹微塵數知一切衆生根行煩
뇌습기명지문
惱習氣明智門하며

혹은 말할 수 없는 부처님 세계 미진수의 모든 중생의 근성과 행동과 번뇌와 습기를 아는 밝은 지혜의 문을 나타내며,

혹현불가설불찰미진수지일체중생종종업
或現不可說佛刹微塵數知一切衆生種種業
명지문
明智門하며

혹은 말할 수 없는 부처님 세계 미진수의 모든 중생의 갖가지 업을 아는 밝은 지혜의 문을 나타내며,

혹현불가설불찰미진수개오일체중생문
或現不可說佛刹微塵數開悟一切衆生門하나라

혹은 말할 수 없는 부처님 세계 미진수의 모든 중생

을 깨우치는 문을 나타내었습니다.

세존이 서다림에서 사자빈신삼매에 들어 미간의 백호상으로부터 지혜 광명을 놓으니 그 광명의 큰 작용은 실로 끝이 없고 다함이 없다. 지금 경전에 나타난 모습들은 그대로가 2천6백여 년 동안 걸어온 모든 불교의 영향이다.

4) 방편으로 곳곳에 가서 중생을 이익되게 하다

이 여 시 등 불 가 설 불 찰 미 진 수 방 편 문   왕 예
以如是等不可說佛刹微塵數方便門으로 **往詣**

일 체 중 생 주 처   이 성 숙 지
一切衆生住處하야 **而成熟之**하니

이와 같은 등 말할 수 없는 부처님 세계 미진수의 방편문으로 모든 중생이 있는 곳에 나아가 성숙하게 합니다.

소 위 혹 왕 천 궁   혹 왕 용 궁   혹 왕 야 차 건
所謂或往天宮하며 **或往龍宮**하며 **或往夜叉乾**

^{달 바 아 수 라 가 루 라 긴 나 라 마 후 라 가 궁}　　^{혹　왕}
闥婆阿修羅迦樓羅緊那羅摩睺羅伽宮하며 **或往**

^{범 왕 궁}　　　^{혹 왕 인 왕 궁}　　　^{혹 왕 염 라 왕 궁}　　^혹
梵王宮하며 **或往人王宮**하며 **或往閻羅王宮**하며 **或**

^{왕 축 생 아 귀 지 옥 지 소 주 처}
往畜生餓鬼地獄之所住處하야

　이른바 혹은 천궁에도 가고, 혹은 용궁에도 가고, 혹은 야차와 건달바와 아수라와 가루라와 긴나라와 마후라가 궁에도 가며, 혹은 범왕궁에도 가고, 혹은 인간의 왕궁에도 가고, 혹은 염라대왕의 궁에도 가고, 혹은 축생과 아귀와 지옥에도 갑니다.

　　　　^{이 평 등 대 비}　　^{평 등 대 원}　　^{평 등 지 혜}　　^{평 등}
　　　　以平等大悲와 **平等大願**과 **平等智慧**와 **平等**

^{방 편}　　^{섭 제 중 생}
方便으로 **攝諸衆生**하니

　평등한 큰 자비와 평등한 큰 원과 평등한 지혜와 평등한 방편으로 모든 중생을 거두어 주는데,

혹유견이이조복자 혹유문이이조복자
或有見已而調伏者하며 **或有聞已而調伏者**하며

혹유억념이조복자 혹문음성이조복자 혹
或有憶念而調伏者하며 **或聞音聲而調伏者**하며 **或**

문명호이조복자 혹견원광이조복자 혹견
聞名號而調伏者하며 **或見圓光而調伏者**하며 **或見**

광망이조복자
光網而調伏者라

혹은 보고 나서 조복되는 이가 있고, 혹은 듣고 나서 조복되는 이가 있고, 혹은 생각하고 나서 조복되는 이가 있으며, 혹은 음성을 듣고 조복되기도 하고, 혹은 이름을 듣고 조복되기도 하고, 혹은 둥근 광명을 보고 조복되기도 하고, 혹은 광명 그물을 보고 조복되기도 합니다.

수제중생심지소락 개예기소 영기획
隨諸衆生心之所樂하야 **皆詣其所**하야 **令其獲**

익
益케하니라

모든 중생의 마음에 좋아함을 따라서 다 그들의 처소에 나아가서 이익을 얻게 하였습니다

세존이 삼매에 들어 지혜의 광명을 놓아 큰 작용을 일으키는 것은 실로 다함이 없고 끝이 없다. 그 지혜의 가르침의 이익을 입지 않는 중생이 어디에 있겠는가. 능엄경에서 말하는 "한 사람이 참마음을 일으켜서 그 근원에 돌아가면 시방 허공이 모두모두 사라져 없어진다."[2]는 말씀 그대로이다. 또 선문禪門에서 말하는 "산하대지山河大地와 산천초목山川草木과 유정무정有情無情이 일시에 성불成佛이라."는 내용과도 같다.

5) 보살들이 중생을 위하여 여러 가지 분신을 나타내 보이다

불자 차 서 다 림 일 체 보 살　위 욕 성 숙 제 중
佛子야 **此逝多林一切菩薩**이 **爲欲成熟諸衆**

---

2) 일인一人이 발진귀원發眞歸元하면 시방허공十方虛空이 실개소운悉皆銷殞이라.

생 고　　혹 시 현 처 종 종 엄 식 제 궁 전 중
生故로 **或時現處種種嚴飾諸宮殿中**하며

"불자여, 이 서다림에 있는 일체 보살이 모든 중생을 성숙하게 하기 위하여 혹 어떤 때는 가지가지로 장엄한 여러 궁전에 머물기도 하고,

　　　　혹 시 시 현 주 자 누 각 보 사 자 좌　　　도 량 중 회
　　　　或時示現住自樓閣寶獅子座하야 **道場衆會**의

소 공 위 요　　주 변 시 방　　　개 령 득 견　　　연 역 불
所共圍繞로 **周徧十方**하야 **皆令得見**이나 **然亦不**

리 차 서 다 림 여 래 지 소
離此逝多林如來之所하니라

혹 어떤 때에는 자기의 누각에서 보배 사자좌에 앉아서 도량에 모인 대중이 둘러싸서 모시고 시방에 두루하여 여럿이 보게 함을 나타내 보이지만 그러나 이 서다림 여래의 처소에서 떠나지 아니하였습니다."

화엄경의 가르침은 어느 부분을 보더라도 보살대승불교

이기 때문에 보살이 하는 일은 일체가 중생을 성숙시키기 위한 일이다. 이곳에서는 보살들이 중생을 위하여 여러 가지 분신을 나타내 보이는 것을 밝혔다. 가지가지로 장엄한 궁전에 있거나 자신의 누각 보배 사자좌에 있거나 항상 이 서다림 여래의 처소에서 떠나지 않고 있다는 것은 사성四聖이나 육범六凡들이 어디에 있고 어떤 작용을 펼치더라도 언제나 진여불성眞如佛性의 본처本處에서 떠나지 않았다는 뜻이다. 마치 손오공이 공의 이치를 깨달아 온갖 신통을 다 부려서 십만팔천 리를 가더라도 부처님의 손바닥 안을 벗어나지 못하였다는 것과 같은 뜻이리라.

불자 차제보살 혹시시현무량화신운
佛子야 **此諸菩薩**이 **或時示現無量化身雲**하며

혹현기신 독일무려
或現其身이 **獨一無侶**하니

"불자여, 이 모든 보살이 혹 어떤 때는 한량없는 변화하여 나타낸 몸[化身] 구름을 나타내기도 하고, 혹은 짝이 없는 혼자의 몸을 나타내기도 합니다."

이 모든 보살이 가지가지로 장엄한 궁전에 있거나 자신의 누각 보배 사자좌에 있기만 한 것이 아니라 한량없는 변화하여 나타낸 몸[化身] 구름을 나타내기도 하고, 혹은 짝이 없는 혼자의 몸을 나타내기도 한다.

소위 혹현사문신 혹현바라문신 혹현
所謂或現沙門身하며 **或現婆羅門身**하며 **或現**
고행신 혹현충성신 혹현의왕신
苦行身하며 **或現充盛身**하며 **或現醫王身**하며

"이른바 혹 사문의 몸을 나타내고, 혹 바라문의 몸을 나타내고, 혹 고행하는 몸을 나타내고, 혹 살찌고 왕성한 몸을 나타내고, 혹 의사의 몸을 나타내고,

혹현상주신 혹현정명신 혹현기악신
或現商主身하며 **或現淨命身**하며 **或現伎樂身**하며
혹현봉사제천신 혹현공교기술신
或現奉事諸天身하며 **或現工巧技術身**하야

혹 장사 주인의 몸을 나타내고, 혹 깨끗이 생활하는 몸을 나타내고, 혹 기악을 즐기는 몸을 나타내고, 혹 하늘을 섬기는 몸을 나타내고, 혹 공교한 기술자의 몸을 나타내었습니다."

부처님이나 보살들은 중생을 교화하기 위하여 나타낼 수 있는 몸은 다 나타낸다. 32응화신을 나타내기도 하고 천백억화신을 나타내기도 하며 다시 그 몸들이 천변만화하기도 한다. 이곳 서다림에 모여 온 보살들이야 설명해 무엇 하겠는가.

왕예일체촌영성읍왕도취락제중생소　수
往詣一切村營城邑王都聚落諸衆生所하야 **隨**

기소응　　이종종형상　종종위의　종종음성
其所應하야 **以種種形相**과 **種種威儀**와 **種種音聲**

　종종언론　종종주처　어일체세간　유여제
과 **種種言論**과 **種種住處**로 **於一切世間**에 **猶如帝**

망　　행보살행
網하야 **行菩薩行**하며

"모든 시골과 도시와 도성과 마을에 있는 중생들의 처소에 가서 마땅한 대로 갖가지 형상과 갖가지 위의威儀와 갖가지 음성과 갖가지 언론과 갖가지 사는 곳으로써 일체 세간에서 마치 제석천의 그물과 같이 하여 보살의 행을 행하였습니다."

천변만화하는 보살들은 어디든 가지 않는 곳이 없고, 형상이든 위의든 음성이든 말씀이든 머무는 곳이든 나타내 보이지 않는 것이 없다. 제석천의 그물과 같이 법계 연기의 이치대로 보살행을 행한다.

제석천의 그물을 인드라망因陀羅網이라고 하는데 제망帝網, 즉 제석천에 있는 보배 그물이다. 낱낱의 그물코마다 보배구슬을 달고, 그 보배구슬 한 개 한 개마다 낱낱의 다른 보배구슬의 영상影像을 나타내고, 그 한 보배구슬 안에 나타나는 일체 보배구슬의 영상마다 또 다른 일체 보배구슬의 영상이 나타나서 중중무진重重無盡하게 되었다고 한다. 화엄경에서는 일一과 다多가 상즉상입相卽相入하는 예로써 이 용어를 사용하고 있다. 보살들이 보살행을 펼치는 것도 이와 같이 한다.

혹 설 일 체 세 간 공 교 사 업 　　혹 설 일 체 지 혜 조
或說一切世間工巧事業하며 **或說一切智慧照**

세 명 등 　　혹 설 일 체 중 생 업 력 소 장 엄
世明燈하며 **或說一切衆生業力所莊嚴**하며

"혹 일체 세간의 공교한 사업을 말하며, 혹 일체 지혜로 세상을 비추는 등불을 말하며, 혹 모든 중생의 업력業力으로 장엄하는 것을 말합니다."

보살들이 갖가지 형상과 갖가지 위의와 갖가지 음성과 갖가지 언론과 갖가지 사는 곳을 나타내어 중생을 위해서 일체 세상의 온갖 재주와 온갖 기술과 온갖 예능과 사업들을 연설하기도 하고, 일체 지혜로써 세상을 비추는 등불을 연설하기도 하고, 모든 중생의 업력으로 장엄한 모습들을 연설하기도 한다.

모든 중생의 업력으로 장엄한 모습을 연설하기도 한다는 것은 무슨 뜻인가. 중생을 교화하려면 업력으로 살아가는 중생들의 현실을 소상히 알고, 그들의 업력이 또한 중생으로서의 장엄이라는 사실을 인정하라는 의미일 것이다. 그렇다. 중생들은 중생들의 업으로 살아가는 그 힘이 곧 중생들의 장

엄이다. 달리 무슨 장엄이 있겠는가.

혹설 시방 국토 건립 제 승 위
或說十方國土建立諸乘位하며 **或說智燈所照**
혹설 지 등 소 조

일 체 법 경 계   교 화 성 취 일 체 중 생   이 역 불
一切法境界하야 **敎化成就一切衆生**호대 **而亦不**

리 차 서 다 림 여 래 지 소
離此逝多林如來之所하니라

"혹 시방 국토에서 여러 가지 승乘을 세우는 지위를 말하며, 혹 지혜 등불을 비추는 모든 법의 경계를 말하여, 일체 중생을 교화하여 성취하면서도 또한 이 서다림 여래의 처소를 떠나지 아니하였습니다."

대승불교에서는 성문승과 연각승과 보살승과 불승 등을 설한다. 그 외에도 수많은 승乘이 있다. 보살은 그 모든 것을 편의에 따라 설한다. 또 지혜 등불을 비추는 모든 법의 경계를 말하여 일체 중생을 교화하여 성취한다. 그러나 이곳 입법계품이 설해지는 서다림 여래가 계신 곳을 떠나지 않고

있다.

　여기까지 입법계품에서 크게 둘로 나누는 근본법회根本法會와 지말법회枝末法會 중 근본법회의 설법이 끝났다.

지말법회 枝末法會

　입법계품은 특별히 근본법회根本法會와 지말법회枝末法會라는 두 부분으로 나뉘는데 앞의 60권에서 근본법회를 설명하면서 근본법회와 지말법회에 대한 청량淸凉 스님의 설명을 인용하였다. 그 내용을 다시 인용한다.

　"네 번째는 바로 경문을 해석한다. 입법계 한 품을 크게 나누면 둘이 된다. 처음은 근본법회를 밝혔고, 뒤에 '그때에 문수사리보살이 선주누각으로부터 나와서' 이하 경문은 지말법회를 밝혔다. 또 앞부분은 결과로서의 법계를 밝히고 뒷부분은 원인의 법계를 밝혔다. 또 앞부분은 한꺼번에 법계에 들어가고 뒷부분은 점차적으로 법계에 들어가는 것을 밝혔다. 또 앞부분은 전체적인 내용이고 뒷부분은 개별적인 내용이다. 그러나 전체와 개별은 원융하고 근본과 지말은 걸림이 없다.

　또 앞부분은 곧 수행이 없이 한꺼번에 증득하니 이것은 바른 종지의 극치이다. 뒷부분은 사람에 의지하여 닦아 들어가서 유통을 분명히 하였다. 유통과 바른 종지는 원융하고 중간과 뒤는 걸림이 없다."[3]

---

[3] 第肆, 正釋文:一品大分爲二:初, 明本會. 後, 爾時文殊師利從善住樓閣出下, 明末會. 亦前明果法界. 後, 明因法界. 又前頓入法界 後, 明漸入法界. 又前總, 後別. 總別圓融, 本末無礙. 又前卽亡修頓證, 是正宗之極. 後是寄人修入, 以辨流通. 通正圓融, 中後無礙.

문수지남도 제1, 선재동자가 문수사리보살을 친견하다.

지말법회의 53선지식

【 십신위十信位 선지식 】
1. 문수보살文殊菩薩

　비로소 선재동자善財童子가 53명의 선지식善知識을 찾아 남쪽으로 남쪽으로 구법求法의 긴 여행을 떠나는 이야기가 시작되었다. 먼저 십신위十信位를 상징하는 선지식으로서 문수보살文殊菩薩을 친견하게 된다.

　선재동자가 복성福城의 동쪽 장엄당 사라림에서 문수보살을 친견하여 법문을 듣고 남쪽을 향하여 1백1십 성城을 지나면서 차례차례 찾아가서 법문을 들은 선지식의 수가 모두 53명이므로 예로부터 53선지식이라 한다.

　이 이야기는 매우 유명하고도 중요하여 북송北宋시대 불

국선사佛國禪師는 선재동자가 53명의 선지식을 친견하여 법을 구하는 장면을 하나하나 그림으로 그리고, 여기에 그 높고 아름다운 뜻을 기리는 뜻에서 찬讚을 지어 『문수지남도찬文殊指南圖讚』이라는 책을 저술하였다. 속장경續藏經에 들어 있는 이 책을 불기 2552년 11월 전남 송광사 강원에서 그림과 번역을 함께하여 출판하였는데 그 책을 참고하여 여기에 그림을 올린다.

또 53선지식의 면면에 대해서 먼저 간단하게 잠깐 살펴본다. 선지식의 수가 비록 많으나 크게 20종류로 나누어진다.

1. 보살은 문수文殊보살, 관자재觀自在보살, 정취正趣보살, 미륵彌勒보살, 보현普賢보살 등 5보살이다.

2. 비구는 덕운德雲비구, 해운海雲비구, 선주善住비구, 해당海幢비구, 선견善見비구 등 5비구이다.

3. 비구니는 오직 한 분인데 사자빈신獅子頻申비구니이다.

4. 우바새는 오직 한 분인데 명지거사明智居士이다.

5. 우바이는 휴사休捨우바이, 구족具足우바이, 부동不動우

바이, 바수밀婆須蜜우바이, 현성賢聖우바이 등 5우바이다.

6. 동남童男은 자재주自在主동남, 선지중예善知衆藝동남, 덕생德生동남 등 3동남이다.

7. 동녀童女는 자행慈行동녀, 유덕有德동녀 등 2동녀다.

8. 천신天神은 오직 대천신大天神 한 분이다.

9. 천녀天女는 오직 천주광天主光 한 분이다.

10. 외도外道는 오직 변행遍行외도 한 분이다.

11. 바라문은 승열勝熱바라문, 최적정最寂靜바라문 2분이다.

12. 장자長者는 해탈解脫장자, 법보계法寶髻장자, 보안普眼장자, 우발라화優鉢羅華장자, 무상승無上勝장자, 비슬지라鞞瑟胝羅장자, 견고해탈堅固解脫장자, 묘월妙月장자, 무승군無勝軍 등 9분이다.

13. 선생先生은 오직 변우遍友선생 한 분이다.

14. 의사는 오직 미가彌伽의사 한 분이다.

15. 뱃사공은 오직 바시라婆施羅뱃사공 한 분이다.

16. 국왕國王은 무염족無厭足국왕, 대광大光국왕 2분이다.

17. 선인仙人은 오직 비목구사毘目瞿沙 한 분이다.

18. 부처님 어머니는 오직 마야부인摩耶夫人 한 분이다.

19. 불비佛妃는 오직 구파瞿波불비 한 분이다.

20. 제신諸神은 안주지신安住地神, 바산바연저야신婆珊婆演底夜神, 보덕정광야신普德淨光夜神, 희목관찰야신喜目觀察夜神, 보구중생묘덕야신普救衆生妙德夜神, 적정음해야신寂靜音海夜神, 수호일체성증장위력야신守護一切城增長威力夜神, 개부일체수화야신開敷一切樹華夜神, 대원정진력구호일체중생야신大願精進力救護一切衆生夜神, 람비니림신嵐毘尼林神 등 10분이다.

그런데 덕생동자와 유덕동녀는 한 분의 선지식으로 계산한다. 그리고 문수보살은 맨 앞과 뒤에 두 번 등장한다.

1) 문수사리동자가 여러 도반과 남쪽으로 향하다

(1) 부처님 처소에 함께 온 대중들

爾時에 文殊師利童子가 從善住樓閣出하사 與
無量同行菩薩과 及常隨侍衛諸金剛神과 普爲

중생 공양 제 불 제 신 중 신　구 발 견 서 원 상 수 종
衆生供養諸佛諸身衆神과 **久發堅誓願常隨從**

제 족 행 신　낙 문 묘 법 주 지 신
諸足行神과 **樂聞妙法主地神**과

　그때에 문수사리동자가 선주누각善住樓閣으로부터 나와서 한량없는 함께 수행하는 보살들과, 항상 따르며 호위하는 모든 금강신들과, 중생을 두루 위하여 모든 부처님께 공양하는 모든 몸 많은 신[身衆神]들과, 오래전부터 견고한 서원으로 항상 시중을 들던 모든 발로 다니는 신[足行神]들과, 묘한 법문 듣기를 즐겨하는 땅 맡은 신[主地神]들과,

　문수보살, 문수사리보살, 문수사리동자 등으로 표현되는 보살이 53명의 선지식 중에 첫 번째 선지식이다. 선주누각으로부터 나와서 인간세상으로 나가는데 무수한 대중과 함께한다. 보살들은 함께 수행하던 이들이었고, 그 외의 대중은 이름을 소개하면서 그들의 역할을 간단하게 밝혔다.

상수대비주수신　　지광조요주화신　　마니위
常修大悲主水神과 **智光照耀主火神**과 **摩尼爲**

관주풍신　　명련시방일체의식주방신　　전근제
冠主風神과 **明練十方一切儀式主方神**과 **專勤除**

멸무명흑암주야신　　일심비해천명불일주주신
滅無明黑暗主夜神과 **一心匪懈闡明佛日主晝神**

　　장엄법계일체허공주공신
과 **莊嚴法界一切虛空主空神**과

　　항상 대자대비를 닦는 물 맡은 신[主水神]들과, 지혜의 빛으로 비추는 불 맡은 신[主火神]들과, 마니로 관冠을 만든 바람 맡은 신[主風神]들과, 시방의 모든 의식을 잘 아는 방위 맡은 신[主方神]들과, 무명의 어둠을 전력으로 제멸하는 밤 맡은 신[主夜神]들과, 일심으로 부처님 해를 쉬지 않고 밝히는 낮 맡은 신[主晝神]들과, 법계의 모든 허공을 장엄하는 허공 맡은 신[主空神]들과,

보도중생초제유해주해신　　상근적집취일
普度衆生超諸有海主海神과 **常勤積集趣一**

切智助道善根高大如山主山神과 常勤守護一

切衆生菩提心城主城神과 常勤守護一切智智

無上法城諸大龍王과

　널리 중생을 건지어 생사의 바다를 벗어나게 하는 바다 맡은 신[主海神]들과, 온갖 지혜와 도를 돕는 착한 뿌리를 항상 부지런히 모으는 높고 크기가 산과 같은 산 맡은 신[主山神]들과, 일체 중생의 보리심의 성城을 부지런히 수호하는 성 맡은 신[主城神]들과, 일체 지혜의 지혜와 위없는 법의 성을 항상 부지런히 수호하는 큰 용왕들과,

常勤守護一切衆生諸夜叉王과 常令衆生增

長歡喜乾闥婆王과 常勤除滅諸餓鬼趣鳩槃茶

왕　　항 원 발 제 일 체 중 생 출 제 유 해 가 루 라 왕
王과 恒願拔濟一切衆生出諸有海迦樓羅王과

　일체 중생을 항상 부지런히 수호하는 야차왕들과, 중생을 항상 즐겁게 하는 건달바왕들과, 모든 아귀의 길을 항상 부지런히 제멸하는 구반다왕들과, 일체 중생을 구제하여 생사의 바다에서 벗어나기를 항상 서원하는 가루라왕들과,

원 득 성 취 제 여 래 신 고 출 세 간 아 수 라 왕　　견
願得成就諸如來身高出世間阿修羅王과 見

불 환 희 곡 궁 공 경 마 후 라 가 왕　　상 염 생 사 항 락 견
佛歡喜曲躬恭敬摩睺羅伽王과 常厭生死恒樂見

불 제 대 천 왕　　존 중 어 불 찬 탄 공 양 제 대 범 왕
佛諸大天王과 尊重於佛讚歎供養諸大梵王하니라

　모든 여래의 몸을 성취하여 세간에서 아주 벗어나려 하는 아수라왕들과, 부처님을 뵈옵고 환희하여 허리를 굽혀 공경하는 마후라가왕들과, 항상 생사를 싫어하고 부처님 뵙기를 즐겨하는 모든 큰 천왕들과, 부처님을 존중하여 찬탄하고 공양하는 대범천왕들과 더불어 함께

하였습니다.

　문수보살은 이와 같은 여러 종류의 수많은 대중과 함께 세존과 이별하고 인간들의 세상을 향하여 남쪽으로 나아간다.

문수사리　여여시등공덕장엄제보살중
文殊師利가 **與如是等功德莊嚴諸菩薩衆**으로

출자주처　　내예불소　　우요세존　　경무량
出自住處하사 **來詣佛所**하사 **右繞世尊**하야 **經無量**

잡　　　이제공구　　종종공양　　공양필이　　사퇴
帀하며 **以諸供具**로 **種種供養**하고 **供養畢已**에 **辭退**

남행　　왕어인간
南行하야 **往於人間**하시니라

　문수사리는 이와 같은 등 공덕으로 장엄한 모든 보살과 더불어 자기가 있던 데서 떠나 부처님 계신 데로 와서 세존의 오른쪽으로 한량없이 돌고 모든 공양거리로써 가지가지로 공양하였습니다. 공양하기를 마치고는 하직하고 떠나 남쪽으로 행하여 인간 세상을 향하여 갔습니다.

　문수보살이 수많은 대중과 함께 세존과 이별할 때 세존의 오른쪽으로 한량없이 돌았다고 하였다. 그것은 아쉬움과 존경의 표현이다. 오른쪽으로 돈다는 것에 대해서는 이론이 분분하다. 여기에서 오른쪽이란 시곗바늘이 도는 방향을 말한다. 불자들이 법당을 돌거나 부처님을 돌거나 탑을 돌거나 법륜을 돌리거나 할 때에는 반드시 시곗바늘이 돌아가는 방향이라는 것을 잊지 말고 착오 없기를 바란다.

　(2) 사리불존자가 육천 비구와 함께 문수보살을 따르다

爾時에 尊者舍利弗이 承佛神力하야 見文殊師利菩薩이 與諸菩薩衆會莊嚴으로 出逝多林하사 往於南方하야 遊行人間하고 作如是念하사대 我今

당여문수사리　구왕남방
當與文殊師利로 **俱往南方**호리라하고

　그때에 사리불존자가 부처님의 위신력을 받들어 문수사리보살이 여러 보살 대중과 더불어 장엄하고, 서다림에서 나와 남쪽으로 인간 세상을 향하여 가는 것을 보고 생각하기를, '나도 이제 마땅히 문수사리와 더불어 남쪽으로 함께 가리라.'라고 하였습니다.

　문수보살은 부처님의 지혜를 상징하는 보살이고, 사리불은 부처님 당시 실존했던 제자 중 지혜가 제일인 제자로 알려져 있다. 그러므로 비구 6천 명을 거느리고 문수보살을 따르기로 생각한 것이다.

시　존자사리불　여육천비구　전후위요
時에 **尊者舍利弗**이 **與六千比丘**로 **前後圍繞**하야

출자주처　내예불소　정례불족　구백세
出自住處하야 **來詣佛所**하사 **頂禮佛足**하고 **具白世**

尊_{하신대} 世尊_이 聽許_{어시늘} 右繞三帀_{하고} 辭退而去
_{하야} 往文殊師利所_{하니라}

그때에 사리불존자가 6천 비구가 앞뒤로 둘러싸고 자기의 처소를 떠나 부처님 계신 데로 와서 부처님 발에 엎드려 절하고 세존께 말씀드리니, 세존께서 허락하시므로 오른쪽으로 세 번 돌고 하직하고 물러나 문수사리가 있는 곳으로 갔습니다.

사리불舍利弗은 범어로 Śāriputra다. 부처님 제자 가운데 지혜가 제일이라고 알려져 있다. 사리불다라舍利弗多羅·사리보달라奢利補怛羅라 음역한다. 사리자舍利子·추로자鶖鷺子·신자身子라 번역한다. 또 아버지가 실사室沙이기 때문에 별명으로 우바실사優婆室沙라고도 한다. 마갈타국 왕사성 북쪽 나라那羅촌에서 태어났다. 이웃의 목건련과 함께 육사외도六師外道 중 사연沙然을 스승으로 섬기다가 뒤에 마승(馬勝, 앗사지)비구가 연기설緣起說을 일러 주는 것을 듣고는 250명의 제자와 함께 석존께 귀의한 역사적 사실이 있다.

此六千比丘는 是舍利弗의 自所同住라 出家未久니 所謂海覺比丘와 善生比丘와 福光比丘와 大童子比丘와 電生比丘와 淨行比丘와 天德比丘와 君慧比丘와 梵勝比丘와 寂慧比丘라 如是等其數六千이니라

이 6천 비구는 사리불과 함께 있는 이들로 출가한 지 오래지 않았으니, 이른바 해각海覺비구와 선생善生비구와 복광福光비구와 대동자大童子비구와 전생電生비구와 정행淨行비구와 천덕天德비구와 군혜君慧비구와 범승梵勝비구와 적혜寂慧비구이니, 이와 같은 등 그 수가 6천 명이었습니다.

사리불과 6천 명의 비구를 대표한 10명 비구의 이름을 열거하였다. 하찮은 개인의 저술에 이름이 오르거나 신문에 이름이 올라도 영광으로 생각하는데 이 화엄경에 이름이 올라

이와 같이 영원히 그 이름을 남긴다는 것은 출가 비구로서는 큰 영광이 아닐 수 없다.

실증공양무량제불 　 심식선근 　 해력광
悉曾供養無量諸佛하야 **深植善根**하며 **解力廣**

대 　 신안명철 　 기심관박 　 관불경계 　 요
大하며 **信眼明徹**하며 **其心寬博**하며 **觀佛境界**하며 **了**

법본성 　 요익중생 　 상락근구제불공덕
法本性하며 **饒益衆生**하며 **常樂勤求諸佛功德**하니

개시문수사리 　 설법교화지소성취
皆是文殊師利의 **說法敎化之所成就**러라

　그들은 모두 일찍이 한량없는 부처님께 공양한 이로서 착한 뿌리를 깊이 심어 이해하는 힘이 광대하며, 믿는 눈이 밝게 사무치고, 그 마음이 너그러우며, 부처님의 경계를 관찰하고, 법의 본성품을 알아 중생을 이익하게 하며, 항상 모든 부처님의 공덕을 부지런히 구하나니, 다 문수사리가 법을 설하여 교화하고 성취케 한 이들이었습니다.

사리불과 10명 비구의 지난 세상에서 쌓은 덕행에 대해서 밝히고 있다. 일찍이 한량없는 부처님께 공양하여 선근을 심어 이해하는 힘이 광대하다고 하였다. 또 믿음의 안목이 밝게 사무치고, 그 마음이 너그럽다. 그러면서 문수보살이 설법으로 교화하여 성취한 이들이라고 하였다.

(3) 사리불이 문수보살의 공덕을 찬탄하다

爾時_에 尊者舍利弗_이 在行道中_{하야} 觀諸比丘_{하고} 告海覺言_{하사대} 海覺_아 汝可觀察文殊師利菩薩淸淨之身_의 相好莊嚴_을 一切天人_이 莫能思議_{하며}

이때에 사리불존자가 길을 가던 도중에 여러 비구를 보고 해각海覺에게 말하였습니다. "해각이여, 그대는 보라. 문수사리보살의 청정한 몸이 잘생긴 모습[相好]으로 장엄한 것을 모든 하늘이나 사람들이 헤아릴 수 없느니라."

여가관찰문수사리 원광영철 영무량중
汝可觀察文殊師利의 **圓光映徹**하야 **令無量衆**

생 발환희심
生으로 **發歡喜心**하며

"그대는 보라. 문수사리의 둥근 광명이 사무쳐 비추어 한량없는 중생에게 환희심을 내게 하느니라."

여가관찰문수사리 광망장엄 제멸중생
汝可觀察文殊師利의 **光網莊嚴**이 **除滅衆生**의

무량고뇌
無量苦惱하며

"그대는 보라. 문수사리의 광명 그물로 장엄한 것은 중생들의 한량없는 괴로움을 소멸하느니라."

여가관찰문수사리 중회구족 개시보살왕
汝可觀察文殊師利의 **衆會具足**이 **皆是菩薩往**

석선근지소섭수
昔善根之所攝受하며

"그대는 보라. 문수사리의 대중이 구족함은 모두 보살이 옛적에 착한 뿌리로 거두어 준 것이니라."

여가관찰문수사리   소행지로   좌우팔보
汝可觀察文殊師利의 **所行之路**에 **左右八步**가

평탄장엄
平坦莊嚴하며

"그대는 보라. 문수사리의 다니는 길은 좌우로 여덟 걸음씩 평탄하게 장엄하였느니라."

여가관찰문수사리   소주지처   주회시방
汝可觀察文殊師利의 **所住之處**에 **周迴十方**에

상유도량   수축이전
常有道場이 **隨逐而轉**하며

"그대는 보라. 문수사리의 머무는 곳에는 주위로 열 방위에 항상 도량이 있어 따라서 작용하게 되느니라."

여가관찰문수사리　　소행지로　　구족무량
汝可觀察文殊師利의 所行之路가 具足無量

복덕장엄　　좌우양변　　유대복장　　종종진보
福德莊嚴하야 左右兩邊에 有大伏藏하야 種種珍寶

자연이출
가 自然而出하며

"그대는 보라. 문수사리의 다니는 길은 한량없는 복덕의 장엄을 갖추었으므로 좌우 양쪽으로 크게 묻힌 갈무리[大伏藏]가 있어 가지가지 보배가 저절로 나오느니라."

여가관찰문수사리　　증공양불　　선근소류
汝可觀察文殊師利가 曾供養佛하야 善根所流

일체수간　　출장엄장
로 一切樹間에 出莊嚴藏하며

"그대는 보라. 문수사리는 일찍이 부처님께 공양한 착한 뿌리로 말미암아 모든 나무들 사이에서 장엄한 갈무리를 내느니라."

汝可觀察文殊師利_에 諸世間主_가 雨供具雲
하고 頂禮恭敬_{하야} 以爲供養_{하며}

"그대는 보라. 문수사리에게는 모든 세간 주인이 공양거리 구름을 비 내리며 엎드려 절하고 공경하며 공양하느니라."

汝可觀察文殊師利_에 十方一切諸佛如來_가 將
說法時_에 悉放眉間白毫相光_{하사} 來照其身_{하고} 從
頂上入_{이어다}

"그대는 보라. 문수사리는 시방의 일체 모든 부처님 여래께서 법을 말씀하려 할 때에는 미간의 백호상으로 광명을 놓아 그 몸을 비추고 정수리 위로 들어가느니라."

이 시　　존 자 사 리 불　　위 제 비 구　　칭 양 찬 탄
爾時에 **尊者舍利弗**이 **爲諸比丘**하사 **稱揚讚歎**

개 시 연 설 문 수 사 리 동 자　　유 여 시 등 무 량 공 덕
開示演說文殊師利童子의 **有如是等無量功德**

구 족 장 엄
具足莊嚴하시니라

　그때에 사리불존자가 모든 비구들에게 문수사리동자가 이와 같은 등 한량없는 공덕으로 구족하게 장엄하였다고 칭양하고 찬탄하고 열어 보이고 연설하였습니다.

　사리불존자가 해각海覺비구 등 모든 비구에게 특별히 열 가지 조항을 들어 문수보살의 한량없는 공덕 장엄을 칭양하고 찬탄하고 열어 보이고 연설하였다. 비구라면 으레 소승 성문이나 독각으로 알려져 있는 분들인데 드디어 보살의 경지를 이해하고 보살의 덕을 칭양하고 찬탄하고 열어 보이고 연설하는 것은 그들도 이제는 대승보살의 법에 들어왔다는 의미이다.

　화엄경에는 이와 같이 설하였으나 21세기에 이르러서 아직도 초기불교와 근본불교만을 진정한 불교라고 주장하

는 분들로서 법화경이나 유마경이나 화엄경의 내용을 수용하지 않고 있다면 참으로 애석하고 안타까운 일이 아닐 수 없다.

우리들이 사용하는 전화기를 예로 든다면 초기에 만들어진 단순히 통화만 가능한 유선전화기만 진정한 전화기이고 현재에 발달한 최첨단 스마트한 전화기는 전화기가 아니라고 여기는 경우와 같으리라. 최첨단 스마트한 전화기에는 전 세계 모든 사람의 일체 정보가 다 들어 있어서 사람들의 생활에 한없이 편리하듯이 화엄경과 같은 대승보살불교에는 초기불교에서는 상상하지도 못할 내용이 있어서 일체 중생의 해결하지 못할 문제가 없다. 이와 같은 사실을 초기불교만 불교라고 주장하는 사람들이 하루빨리 깨달았으면 하는 마음 간절하다.

(4) 비구들이 문수보살을 친견하다

彼諸比丘가 **聞是說已**에 **心意淸淨**하고 **信解堅**
피제비구　　문시설이　　심의청정　　　신해견

固하며 **喜不自持**하야 **擧身踊躍**하며 **形體柔軟**하고 諸
고 희부자지 거신용약 형체유연 제

根悅豫하며 **憂苦悉除**하고 **垢障咸盡**하며
근열예 우고실제 구장함진

 그 모든 비구들은 이 말을 듣고 마음이 청정하며 믿고 이해함이 견고하여 기쁨을 참지 못하여 온몸으로 뛰놀면서 형체가 부드럽고 전신[諸根]이 화열하며 근심은 없어지고 업장이 다하였습니다.

 사리불존자가 문수보살의 공덕을 칭양 찬탄하는 말을 모든 비구들이 듣고는 곧바로 마음이 청정하여졌으며, 믿고 이해함이 견고하여졌으며, 기쁨을 참지 못하여 온몸으로 뛰놀면서 형체가 부드럽고 전신이 화열하며, 근심은 없어지고 업장이 다하였다. 이 얼마나 놀라운 일인가.

常見諸佛하야 **深求正法**하며 **具菩薩根**하고 **得菩**
상견제불 심구정법 구보살근 득보

살력　　대비대원　　개자출생　　입어제도　　심
薩力하며 **大悲大願**이 **皆自出生**하며 **入於諸度**의 **甚**

심경계　　시방불해　　상현재전　　어일체지
深境界하며 **十方佛海**가 **常現在前**하며 **於一切智**에

심생신락
深生信樂하야

　모든 부처님을 항상 뵈옵고, 바른 법을 깊이 구하며, 보살의 근기를 갖추고, 보살의 힘을 얻었으며, 큰 자비와 큰 서원이 다 저절로 나고, 모든 바라밀다의 깊고 깊은 경계에 들어갔으며, 시방의 부처님들이 항상 앞에 나타나서 일체 지혜에 믿고 좋아함을 깊이 내었습니다.

　모든 비구들은 이제 바른 법을 깊이 구하며, 보살의 근기를 갖추고, 보살의 힘을 얻었으며, 큰 자비와 큰 서원이 다 저절로 나고, 모든 바라밀다의 깊고 깊은 경계에 들어가게 되었다.

즉 백 존 자 사 리 불 언　　유 원 대 사　　장 인 아 등
卽白尊者舍利弗言호대 **唯願大師**는 **將引我等**

왕 예 어 피 승 인 지 소
하사 **往詣於彼勝人之所**하소서

그리하여 곧 사리불존자에게 말하였습니다. "바라옵건대 대사시여, 우리를 데리고 저 훌륭한 어른에게 나아가게 하소서."

아! 이 얼마나 기쁘고 반가운 일인가. 모든 비구들이 사리불존자에게 특별히 부탁한다. 대승보살을 인정도 하지 않던 사람들이 문수보살에게 데려다주기를 간절히 원하는 것이다.

시　　사 리 불　　즉 여 구 행　　지 기 소 이　　백 언
時에 **舍利弗**이 **卽與俱行**하사 **至其所已**에 **白言**호대

인 자　　차 제 비 구　　원 득 봉 근
仁者하 **此諸比丘**가 **願得奉覲**하나이다

그때에 사리불이 곧 그들과 함께 그곳에 가서 여쭈

었습니다. "어지신 이여, 이 모든 비구들이 뵙고자 원하나이다."

이시   문수사리동자   무량자재보살위요
爾時에 **文殊師利童子**가 **無量自在菩薩圍繞**하사

병기대중   여상왕회   관제비구
幷其大衆으로 **如象王廻**하야 **觀諸比丘**하신대

그때에 문수사리동자가 한량없는 자재한 보살에게 둘러싸여서 그 대중들과 함께 마치 큰 코끼리가 돌아보듯이 모든 비구들을 살펴보았습니다.

시제비구   정례기족   합장공경   작여
時諸比丘가 **頂禮其足**하고 **合掌恭敬**하야 **作如**

시언   아금봉견   공경예배   급여소유일
是言호대 **我今奉見**하고 **恭敬禮拜**하며 **及餘所有一**

체선근   유원인자문수사리   화상사리불   세
切善根을 **唯願仁者文殊師利**와 **和尙舍利弗**과 **世**

존석가모니 개실증지
尊釋迦牟尼가 皆悉證知하시니라

 그때에 모든 비구들이 그의 발에 엎드려 절하고 합장하고 공경하여 말하였습니다. "저희들이 지금 우러러 뵈옵고 공경하고 예배하는 일과 그 밖의 모든 착한 뿌리를 오직 원컨대 어지신 이 문수사리와 화상이신 사리불과 석가모니 세존께서 모두 같이 증명하여 아실 것입니다."

 실로 역사적인 순간이다. 5백여 년간의 시비와 갈등으로 얼룩졌던 세월이 한순간에 깨끗이 녹아 사라지는 순간이다. 대중부불교와 상좌부불교가 얼마나 많은 시간을 허비하며 시비를 일삼았던가. 소승불교와 대승불교가 또한 얼마나 오랜 시간을 다투어 왔던가. 그 모든 역사를 뒤로하고 이와 같은 화해의 순간을 문수사리보살과 사리불존자뿐만 아니라 석가모니 세존께서 다 같이 증명하여 아실 것이라고 6천 명의 비구가 이구동성으로 말하고 있다.

 금강경에서는 오랜 숙적이었던 코살라국과 가비라국의 원한 관계를 "이 몸을 마디마디 잘라 내는 것과 같은 아픔에도 나는 아무런 아상도 인상도 중생상도 수자상도 없었노라."라고 하여 봄날 얼음 녹듯이 녹여 버렸다.

또 법화경에서는 끝까지 부처님을 살해하려 했던 제바달다와 관련해 "나는 제바달다 때문에 부처가 되었노라. 그래서 그는 나의 스승이며, 그도 곧바로 부처님이니라."라고 수기하며 화해하였다.

이와 같은 장면들은 얼마나 감동적인가. 만약 대승경전에서 이 문제들을 그렇게 해결하지 않았더라면 순박한 신심을 가진 불교도들은 아마도 영원히 소승을 증오할 것이고, 코살라국의 유리왕을 원수로 여길 것이고, 제바달다를 두고두고 천하의 나쁜 놈이며 원수로 여겼을 것이다.

여인소유여시색신   여시음성   여시상호
如仁所有如是色身과 **如是音聲**과 **如是相好**와

여시자재   원아일체   실당구득
如是自在하야 **願我一切**를 **悉當具得**하야지이다

"어지신 분 당신이 가지신 이와 같은 몸과, 이와 같은 음성과, 이와 같은 모습과, 이와 같은 자유자재하심

을 원컨대 저희들로 하여금 모두 마땅히 얻게 하도록 하여주십시오."

6천 명의 비구가 문수보살을 만나 보고 배우고 얻고자 하는 것은 몸과 음성과 상호와 자재함뿐이다. 그러나 문수보살이 어찌 그것만을 얻게 하는 데 만족하겠는가.

(5) 문수보살이 대승에 나아가는 열 가지 법을 설하다

爾時에 文殊師利菩薩이 告諸比丘言하사대 比丘야 若善男子善女人이 成就十種趣大乘法하면 則能速入如來之地어든 況菩薩地야

그때에 문수사리보살이 비구들에게 말하였습니다. "모든 비구들이여, 착한 남자와 착한 여인이 열 가지 대승으로 나아가는 법을 성취하면 능히 여래의 지위에 빨리 들어갈 것이거늘 하물며 보살의 지위이겠습니까."

문수보살은 소승비구들에게 하루아침에 여래의 지위에 나아가고 대승보살의 지위에 나아가게 하는 법을 설하게 된다. 지극히 작은 것을 청하였는데 상상도 못할 어마어마한 것을 얻는다. 마치 법화경에서 아이들은 양이 끄는 수레와 사슴이 끄는 수레와 송아지가 끄는 수레를 주기를 바랐으나 세존은 크고 넓고 어마어마한 흰 소가 끄는 수레를 하나씩 주는 격이다.

何者가 爲十고 所謂積集一切善根호대 心無疲厭하며 見一切佛하고 承事供養호대 心無疲厭하며 求一切佛法호대 心無疲厭하며

"무엇이 열입니까. 이른바 모든 착한 뿌리를 모으는 데 마음이 고달프지 않음과, 모든 부처님을 뵈옵고 섬기고 공양하는 데 마음이 고달프지 않음과, 모든 부처님의 법을 구하는 데 마음이 고달프지 않은 것입니다."

대승법에 나아가는 열 가지 법을 말한다. 모든 선근을 모으는데 싫어하지 않고, 일체 중생과 일체 생명을 부처님으로 받들어 섬기고 공양하는 데 싫어하지 않고, 대승불법을 구하는 데 싫어하지 않는 것이다.

行一切波羅蜜_{호대} 心無疲厭_{하며} 成就一切菩薩三昧_{호대} 心無疲厭_{하며} 次第入一切三世_{호대} 心無疲厭_{하며}

"온갖 바라밀다를 행하는 데 마음이 고달프지 않음과, 모든 보살의 삼매를 성취하는 데 마음이 고달프지 않음과, 온갖 세 세상에 차례로 들어가는 데 마음이 고달프지 않은 것입니다."

육바라밀과 다른 모든 바라밀을 행하는 데 싫어하지 않고, 보살의 삼매를 성취하는 데 싫어하지 않는 것 등이다.

특히 대승보살이 되려면 육바라밀을 철저히 닦아야 한다. 육바라밀이 복잡하다면 첫째 바라밀인 보시바라밀이라도 잘 닦아야 한다. 보시란 무엇인가. 남을 칭찬하는 일이고, 남을 먼저 배려하는 일이고, 남에게 도움이 되는 일을 하는 것이다.

보엄정시방불찰
普嚴淨十方佛刹호대 **心無疲厭**하며 **敎化調伏**
심무피염 교화조복

일체중생 심무피염 어일체찰일체겁중
一切衆生호대 **心無疲厭**하며 **於一切刹一切劫中**에

성취보살행 심무피염
成就菩薩行호대 **心無疲厭**하며

"시방의 부처님 세계를 두루 장엄하는 데 마음이 고달프지 않음과, 일체 중생을 교화하고 조복하는 데 마음이 고달프지 않음과, 모든 세계의 모든 겁에서 보살의 행을 성취하는 데 마음이 고달프지 않은 것입니다."

대승보살은 또 세상을 아름답게 가꿔야 한다. 모두 정직

하고 선량하여 부정과 부패가 없는 세상이 되도록 노력해야 한다. 또 일체 중생을 교화하고 조복하는 것은 대승보살의 기본이다. 또 어느 곳에서나 어느 때나 항상 보살행을 성취해야 한다. 자기 자신만의 안락을 위하는 일은 조금도 생각하지 말아야 한다. 오로지 다른 사람을 위해서 살기를 각오해야 한다. 그것이 보리심이며 이타심이다.

爲成就一衆生故로 修行一切佛刹微塵數波羅蜜하야 成就如來十力하고 如是次第爲成熟一切衆生界하야 成就如來一切力호대 心無疲厭이니라

위성취일중생고 수행일체불찰미진수바라밀 성취여래십력 여시차제위성숙일체중생계 성취여래일체력 심무피염

"한 중생을 성취하기 위하여 모든 부처님 세계 미진수의 바라밀다를 수행하여 여래의 열 가지 힘을 성취하며, 이와 같이 차례차례로 모든 중생세계를 성숙하게 하기 위하여 여래의 모든 힘을 성취하는 데 그 마음이 고달프지 않은 것입니다."

대승보살은 심지어 한 중생만을 성취하기 위해서라도 모든 부처님 세계 미진수의 바라밀다를 다 수행하여 여래의 열 가지 힘을 성취하며, 이와 같이 차례차례로 모든 중생세계를 성숙하게 하기 위하여 여래의 모든 힘을 성취하는 데 그 마음이 고달프지 않아야 한다. 이것이 대승보살의 길이다.

比丘야 若善男子善女人이 成就深信하야 發此
十種無疲厭心하며 則能長養一切善根하며 捨離
一切諸生死趣하며 超過一切世間種性하며 不墮
聲聞辟支佛地하며

"비구들이여, 착한 남자와 착한 여인이 깊은 믿음을 성취하고, 이 열 가지 고달프지 않은 마음을 내면, 능히 모든 착한 뿌리를 기르며 일체 모든 생사의 길을 버리게 되며, 일체 세간의 종성을 초월하며, 성문과 벽지

불의 지위에 떨어지지 않는 것입니다."

대승보살이 되는 이 열 가지 고달프지 않은 마음을 내게 되면 능히 모든 선근을 기르게 되며, 일체 모든 생사의 길을 버리게 되며, 일체 세간의 종성을 초월하며, 성문과 벽지불의 지위에 다시는 떨어지지 않게 된다.

生一切如來家_{하며} 具一切菩薩願_{하며} 學習一切如來功德_{하며} 修行一切菩薩諸行_{하며} 得如來力_{하야} 摧伏衆魔_와 及諸外道_{하며} 亦能除滅一切煩惱_{하고} 入菩薩地_{하야} 近如來地_{하리라}

"일체 여래의 가문에 태어나며, 일체 보살의 소원을 갖추며, 일체 여래의 공덕을 배우고 익히며, 일체 보살의 모든 행을 닦으며, 여래의 힘을 얻어 온갖 마군과 모든 외도를 굴복시키며, 또한 능히 일체 번뇌를 소멸하고 보살의 지위에 들어가서 여래의 자리에 가까워질 것입니다."

위에서 설한 열 가지 고달프지 않은 마음을 내게 되면 대승보살이 될 뿐만 아니라 저절로 일체 여래의 가문에 태어나며, 일체 보살의 소원을 갖추며, 일체 여래의 공덕을 배우고 익히며, 일체 보살의 모든 행을 닦으며, 여래의 힘을 얻어 온갖 마군과 모든 외도를 굴복시키게 된다. 또한 능히 일체 번뇌를 소멸하고, 보살의 지위에 들어가서 여래의 자리에 가까워질 것이다. 이 얼마나 위대한 보살의 길인가. 소승성문들은 그동안 한 번도 듣지 못하고 보지 못했던 법문이다. 소승들로서는 참으로 놀라운 법문이 아닐 수 없다.

(6) 비구들이 법문을 듣고 큰 이익을 얻다

時諸比丘가 **聞此法已**하고 **則得三昧**하니 **名無**
시 제 비 구　　문 차 법 이　　즉 득 삼 매　　명 무

애 안 견 일 체 불 경 계
礙眼見一切佛境界라

이때 모든 비구들이 이 법문을 듣고는 곧 삼매를 얻으니, 이름이 '걸림 없는 눈으로 일체 부처님의 경계를 봄'이었습니다.

비구들이 위와 같은 큰 법문을 듣고는 곧 삼매를 얻었다. 그 삼매의 이름은 걸림 없는 눈으로 일체 부처님의 경계를 본다는 '무애안견일체불경계無礙眼見一切佛境界'이다. 이 걸림이 없는 눈으로 무엇을 얼마나 보는가를 아래에 낱낱이 밝힌다.

득 차 삼 매 고 　 실 견 시 방 무 량 무 변 일 체 세 계
得此三昧故로 **悉見十方無量無邊一切世界**

제 불 여 래 　 급 기 소 유 도 량 중 회
諸佛如來와 **及其所有道場衆會**하며

이 삼매를 얻었으므로 시방의 한량없고 그지없는 일체 세계의 모든 부처님 여래와 그 도량에 모인 대중을 다 보았습니다.

역실견피시방세계일체제취소유중생
亦悉見彼十方世界一切諸趣所有衆生하며

또한 저 시방세계의 일체 모든 길에 있는 중생들을 다 보았습니다.

역실견피일체세계종종차별
亦悉見彼一切世界種種差別하며

또한 그 모든 세계가 가지가지로 차별함을 다 보았습니다.

역실견피일체세계소유미진
亦悉見彼一切世界所有微塵하며

또한 저 일체 세계에 있는 작은 먼지들을 다 보았습니다.

역실견피제세계중일체중생　소주궁전　이
亦悉見彼諸世界中一切衆生의 **所住宮殿**이 **以**

종종보 이위장엄
種種寶로 **而爲莊嚴**하며

또한 저 모든 세계에 있는 일체 중생이 거처하는 궁전이 가지가지 보배로 장엄되어 있음을 다 보았습니다.

급역문피제불여래종종언음　　연설제법
及亦聞彼諸佛如來種種言音으로 **演說諸法**하야

문사훈석　실개해료
文辭訓釋을 **悉皆解了**하며

그리고 또 저 모든 부처님 여래의 가지가지 음성으로 모든 법을 연설함을 듣고 글과 말씀과 해석하심을 모두 분명히 알았습니다.

역능관찰피세계중일체중생　제근심욕
亦能觀察彼世界中一切衆生의 **諸根心欲**하며

또한 저 세계에 있는 일체 중생의 모든 근성과 욕망을 능히 잘 관찰하였습니다.

역능억념피세계중일체중생　전후십생
亦能憶念彼世界中一切衆生의 **前後十生**하며

또한 저 세계에 있는 일체 중생이 전생과 내생에 열 번 태어나던 일을 능히 기억하였습니다.

역능억념피세계중과거미래　각십겁사
亦能憶念彼世界中過去未來의 **各十劫事**하며

또한 저 세계의 과거와 미래의 각각 열 겁 동안의 일을 능히 기억하였습니다.

역능억념피제여래　십본생사　십성정각
亦能憶念彼諸如來의 **十本生事**와 **十成正覺**과

십전법륜　십종신통　십종설법　십종교계
十轉法輪과 **十種神通**과 **十種說法**과 **十種教誡**와

십종변재
十種辯才하며

또한 저 모든 여래의 열 번 본생本生의 일과, 열 번 정각을 이룸과, 열 번 법륜을 굴림과, 열 가지 신통과,

열 가지 설법과, 열 가지 가르침과, 열 가지 변재를 능히 기억하였습니다.

삼매를 얻어서 일체 부처님의 경계를 볼 뿐만 아니라 일체 중생이 전생과 내생에 열 번 태어나던 일도 능히 기억하고, 저 세계의 과거와 미래의 각각 열 겁 동안의 일도 능히 기억하고, 또한 모든 여래의 열 번 본생의 일과 열 번 정각을 이룸과 열 번 법륜을 굴림과 열 가지 신통과 열 가지 설법과 열 가지 가르침과 열 가지 변재를 능히 다 기억하였다. 이 얼마나 큰 이익을 얻었는가. 대승보살의 법이란 이와 같다.

又卽成就十千菩提心과 十千三昧와 十千波羅蜜하야 悉皆淸淨하야 得大智慧圓滿光明하며 得菩薩十神通柔軟微妙하야 住菩薩心하야 堅固不動하니라

또한 십천+千 가지 보리심과 십천 가지 삼매와 십천 가지 바라밀다를 성취하여 모두 다 청정하였으며, 큰 지혜를 얻어 광명이 원만하였으며, 보살의 열 가지 신통을 얻어 부드럽고 미묘하며, 보살의 마음에 머물러 견고하여 흔들리지 아니하였습니다.

이와 같은 대승보살의 큰 법을 남김없이 통달하여 궁극에는 보살의 마음에 머물러 견고하여 흔들리지 않게 되었다. 이것이 대승보살의 법문을 듣고 얻은 이익이다.

(7) 비구들을 권하여 보현의 행에 머물게 하다

爾時에 文殊師利菩薩이 勸諸比丘하사 住普賢行케하시니 住普賢行已에 入大願海하며 入大願海已에 成就大願海하며

이때에 문수사리보살이 모든 비구들을 권하여 보현

의 행에 머물게 하였습니다. 보현의 행에 머물고는 큰 서원 바다에 들어가고, 큰 서원 바다에 들어가서는 큰 서원 바다를 성취하였습니다.

이성취대원해고 심청정 심청정고 신
以成就大願海故로 **心淸淨**하며 **心淸淨故**로 **身**

청정 신청정고 신경리 신청정경리고
淸淨하며 **身淸淨故**로 **身輕利**하며 **身淸淨輕利故**로

득대신통 무유퇴전
得大神通하야 **無有退轉**하며

큰 서원 바다를 성취하였으므로 마음이 청정하고, 마음이 청정하였으므로 몸이 청정하고, 몸이 청정하였으므로 몸이 경쾌하고, 몸이 청정하고 경쾌하였으므로 큰 신통을 얻어 물러나지 아니하였습니다.

득차신통고 불리문수사리족하 보어시
得此神通故로 **不離文殊師利足下**하고 **普於十**

방일체불소　실현기신　　구족성취일체불법
方一切佛所에 **悉現其身**하야 **具足成就一切佛法**
하니라

　이 신통을 얻었으므로 문수사리의 발밑을 떠나지 않고서 널리 시방의 일체 부처님 계신 데서 그 몸을 다 나타내어 일체 부처님 법을 구족하게 성취하였습니다.

　대승보살행의 궁극은 보현행원이다. 일체 중생으로 하여금 처음 발심하여 불법을 배우게 하는 일도 궁극에는 보살행의 결정인 보현보살의 행원에 머물게 하는 것이며, 소승성문이나 독각을 대승보살의 법으로 교화하여 궁극에 머물게 하는 일도 역시 보살행의 최고봉인 보현보살의 행원에 머물게 하는 일이며, 설사 성불에 이르러 부처님이 되었다 하더라도 궁극에는 보살도의 이상인 보현보살의 행원에 머무는 것이다. 그러므로 모든 불교인은 보현보살의 행원을 인생 최고의 이상으로 삼아야 할 것이다.

입법계품 2 끝

〈제61권 끝〉

華嚴經 構成表

分次	周次		內容	品數	會次
舉果勸樂生信分 (信)	所信因果周		如來依正	世主妙嚴品 第一 如來現相品 第二 普賢三昧品 第三 世界成就品 第四 華藏世界品 第五 毘盧遮那品 第六	初會
修因契果生解分 (解)	差別因果周	差別因	十信	如來名號品 第七 四聖諦品 第八 光明覺品 第九 菩薩問明品 第十 淨行品 第十一 賢首品 第十二	二會
			十住	昇須彌山頂品 第十三 須彌頂上偈讚品 第十四 十住品 第十五 梵行品 第十六 初發心功德品 第十七 明法品 第十八	三會
			十行	昇夜摩天宮品 第十九 夜摩天宮偈讚品 第二十 十行品 第二十一 十無盡藏品 第二十二	四會
			十廻向	昇兜率天宮品 第二十三 兜率宮中偈讚品 第二十四 十廻向品 第二十五	五會
			十地	十地品 第二十六	六會
			等覺	十定品 第二十七 十通品 第二十八 十忍品 第二十九 阿僧祇品 第三十 如來壽量品 第三十一 菩薩住處品 第三十二	七會
		差別果	妙覺	佛不思議法品 第三十三 如來十身相海品 第三十四 如來隨好光明功德品 第三十五	
	平等因果周	平等因		普賢行品 第三十六	
		平等果		如來出現品 第三十七	
托法進修成行分 (行)	成行因果周		二千行門	離世間品 第三十八	八會
依人證入成德分 (證)	證入因果周		證果法門	入法界品 第三十九	九會

(資料：文殊經典研究會)

會場	放光別	會主	入定別	說法別舉
菩提場	遮那放齒光眉間光	普賢菩薩為會主	入毘盧藏身三昧	如來依正法
普光明殿	世尊放兩足輪光	文殊菩薩為會主	此會不入定．信未入位故	十信法
忉利天宮	世尊放兩足指光	法慧菩薩為會主	入無量方便三昧	十住法門
夜摩天宮	如來放兩足趺光	功德林菩薩為會主	入菩薩善思惟三昧	十行法門
兜率天宮	如來放兩膝輪光	金剛幢菩薩為會主	入菩薩智光三昧	十迴向法門
他化天宮	如來放眉間毫相光	金剛藏菩薩為會主	入菩薩大智慧光明三昧	十地法門
再會普光明殿	如來放眉間口光	如來為會主	入剎那際三昧	等妙覺法門
三會普光明殿	此會佛不放光．表行依解法依解光故	普賢菩薩為會主	入佛華莊嚴三昧	二千行門
祇陀園林	放眉間白毫光	如來善友為會主	入獅子頻申三昧	果法門

如天 無比

1943년 영덕에서 출생하였다. 1958년 출가하여 덕흥사, 불국사, 범어사를 거쳐 1964년 해인사 강원을 졸업하고 동국역경연수원에서 수학하였다. 10여 년 선원생활을 하고 1976년 탄허 스님에게 화엄경을 수학하고 전법, 이후 통도사 강주, 범어사 강주, 은해사 승가대학원장, 대한불교조계종 교육원장, 동국역경원장, 동화사 한문불전승가대학원장 등을 역임하였다.

2018년 5월에는 수행력과 지도력을 갖춘 승랍 40년 이상 되는 스님에게 품서되는 대종사 법계를 받았다. 현재 부산 문수선원 문수경전연구회에서 150여 명의 스님과 300여 명의 재가 신도들에게 화엄경을 강의하고 있다. 또한 다음 카페 '염화실(http://cafe.daum.net/yumhwasil)'을 통해 '모든 사람을 부처님으로 받들어 섬김으로써 이 땅에 평화와 행복을 가져오게 한다.'는 인불사상人佛思想을 펼치고 있다.

저서로 『무비 스님의 유마경 강설』(전 3권), 『대방광불화엄경 실마리』, 『무비 스님의 왕복서 강설』, 『무비 스님이 풀어 쓴 김시습의 법성게 선해』, 『법화경 법문』, 『신금강경 강의』, 『직지 강설』(전 2권), 『법화경 강의』(전 2권), 『신심명 강의』, 『임제록 강설』, 『대승찬 강설』, 『당신은 부처님』, 『사람이 부처님이다』, 『이것이 간화선이다』, 『무비 스님과 함께하는 불교공부』, 『무비 스님의 증도가 강의』, 『일곱 번의 작별인사』, 무비 스님이 가려 뽑은 명구 100선 시리즈(전 4권) 등이 있고 편찬하고 번역한 책으로 『화엄경(한글)』(전 10권), 『화엄경(한문)』(전 4권), 『금강경 오가해』 등이 있다.

대방광불화엄경 강설 제61권

| **초판 1쇄 발행**_ 2017년 6월 2일
| **초판 3쇄 발행**_ 2024년 12월 24일

| **지은이**_ 여천 무비(如天 無比)
| **펴낸이**_ 오세룡
| **편집**_ 박성화 손미숙 윤예지 여수령 정연주
| **기획**_ 곽은영 최윤정
| **디자인**_ 고혜정 김효선 최지혜
| **홍보 마케팅**_ 정성진
| **펴낸곳**_ 담앤북스
　　　　 서울특별시 종로구 새문안로3길 23 경희궁의 아침 4단지 805호
　　　　 대표전화 02)765-1250(편집부) 02)765-1251(영업부) 전자우편 dhamenbooks@naver.com
　　　　 출판등록 제300-2011-115호
| ISBN　979-11-87362-82-1　04220

정가 14,000원

ⓒ 무비스님 2017